그래도
부동산보다
주식투자다

그래도 부동산보다 주식투자다

이동규 지음

다온북스

• 프롤로그 •

주식 노동자 vs 주식 자본가

첫 번째 책이 'Why'에 집중했다면 이번 책은 'How'에 더 집중했다. 그동안 '왜 개인투자자는 실패할 수밖에 없는가?'에 관해 연구했고 주식시장의 오해에서 벗어나 실제 주식을 시작하는 개인투자자를 위해 이 책을 썼다.

개인투자자는 몸집이 가볍기 때문에 오히려 큰 자본 세력보다 유리하다. 하지만 개인투자자가 실패하는 일이 더 많다. 여러 가지 원인이 있지만 무엇보다 '유리 멘탈'로는 그 어떤 투자에서도 이길 수 없다. 자본이 적은 개인투자자는 실패에 더 민감하고 소심해질 수밖에 없기 때문이다. 보통 이럴 때 주식 공부를 시작한다.

주식이론은 하루에 3시간씩 1년만 투자해도 전문가급 지식을 자랑할 수 있다. 하지만 주식은 이론만으로 잘할 수 없다는 걸 체득했을 것이다. 돈과 시간을 투자해서 흔들리는 심리까지 부여잡기란 어렵다.

그러나 '포트폴리오 경영 시스템' 투자는 다르다. 좌우로 흔들리지 않고 충격에도 깨지지 않는 멘탈을 만들 수 있다. 주식투자로 한 번 상처를 입으면 다시 재기하는 데 어려움이 있다. 일종의 트라우마가 생긴다. 주가가 악재를 동반한 하락, 또는 지루한 횡보를 보이면 다시 돈을 잃을까 봐 주식을 장기적으로 유지하지 못한다. 그러나 심리적인 안정감을 찾으면 수익이 따라온다. 주가의 움직임을 이해하고 마음 편한 주식투자를 꾸준히 유지하자는 것이 이 책의 핵심이다.

첫 챕터에서는 주식시장을 지배하고 있는 금융시스템에 관해 이야기했다. 이 금융시스템의 원리를 이해하지 못하면 그들의 먹잇감이 될 뿐이다. 심리가 흔들리는 가장 큰 원인을 제공하는 곳이다. 개인투자자는 이 거대한 시스템을 이해하고 오히려 역으로 이용할 줄 알아야 한다.

두 번째 챕터에서는 주식투자자라면 기본적으로 알고 있어야 할 기본 분석을 다루었다. "기본 분석은 기본까지만 하자."라는 생각에 핵심 기초만 넣었다. 이 책에 나온 기본만 정확히 이해하고 있어도 분석이 잘 안 돼서 주식투자가 어려운 경우는 없을 것이다. 기본적인 이론을 바탕으로 스스로 시장에 참여해 꾸준히 훈련을 해보면 좋다.

세 번째 챕터에서는 경제와 주식투자와의 상관관계를 설명했다. 경기순환주기에 대해 설명하면서 환율, 금리 등을 주식투자에 연결하는 방법을 설명해 두었다. 주식시장이 재밌는 이유는 경제가 어려워도 오르는 종목이 있고, 경제가 좋아도 내리는 종목이 있다는 것이다. 이러한 흐름을 이해할 수 있도록 했다.

마지막 챕터에서는 당대 주도주를 통한 기술 분석을 다뤘다. 상대적으로 기본 분석은 빠른 습득이 가능하다. 그러나 기술 분석은 오랜 시간이 필요하다. 단순히 주식 책을 본다고 완벽히 이해할 수 있는 문제가 아니다. 실전 경험이 가장 중요하다. 실전 경험 이전에 '아, 주가라는 것이 이렇게 움직이는구나.'를 이해하고 주식투자를 한다면 얻는 것들이 더 많을 것이다.

나는 이 책을 통해서 독자분들이 장기투자를 할 수 있는 힘을 기르는 동시에 '주식-노동자'가 아닌 '주식-자본가'가 되기를 바란다. 주식-노동자는 자기 스스로 주식을 열심히 사고, 팔아서 이득을 얻으려는 사람이다. 주식-자본가는 주식은 생산수단이란 개념을 가지고 있다. 그래서 주식을 쉽게 팔지 않는다.

과거 생산수단은 땅이었다. 땅은 오로지 왕의 소유였다. 지금은 주식이 가장 중요한 생산수단이 되었다. 누구나 생산수단을 소유할 수 있는 시대가 되었음에도 불구하고 과거처럼 아무나 소유할 수 없는 것은 똑같다는 생각이 들 때가 많다. 시장은 개인투자자가 주식을 오래 가져갈 수 있도록 가만히 두지를 않는다. 주식을 사서 보유하고 있는 동안 얼마나 팔고 싶은 유혹이 많은가.

주식투자는 생활비를 버는 수단이 아니다. 생활비를 벌려고 하면 장기투자를 할 수 없다. 그래서 전업투자자는 힘들 수밖에 없다. 한 달 투자로 생활비를 벌어야 하기 때문이다. 어떻게 장기투자를 할 수 있겠는가. 복리로 더 오를 수 있는 주식도 중간에 어쩔 수 없이 팔아야 하는 상황이 온다. 주식-노동자로 한 달에 300만 원 벌어 생활비로 쓰는 것보다 월급 300만 원을 받아 주식을 사서 모아 나가는 것이 더 현명한 방법이다. 주식-노동자로 임원급 연봉을 버는 사람은 정말 극소수다.

주식은 저축이다. 열심히 모으는 것이다. 내 본업에서 매달 소득을 창출하고 잉여자금을 만들어서 모아 나가는 것이다. 좋은 종목들을 골고루 발굴하여 적절한 매수타이밍에 적립식으로 사서 모아 나간다면 신경 쓸 일이 별로 없다. 주도주도 3년은 보유해야 하는 이유도 이번 책을 통해 설명했다. 이 책을 읽고 난 뒤에 많은 분이 마음 편한 투자를 해나가길 진심으로 바란다.

마지막으로 이 책이 세상 밖으로 나올 수 있도록 도와준 다온북스에 감사 인사를 드린다. 나의 주식투자에 직간접적으로 영향을 주신 주식투자의 여러 선배님께도 감사드린다. '주식하는 남자'는 만나지도 말라는 말이 있는데, 그런 나를 만나 곁에서 물심양면 도와주는 다희에게 고맙다. 끝으로 여의치 않은 가정환경 속에서도 나를 잘 키워주신 부모님에게도 사랑하고 감사하다는 말을 전하고 싶다. 오래도록 건강하셨으면 좋겠다.

2018년, 봄
이동규(댕기왕자) 드림

• 목차 •

프롤로그 주식 노동자 vs 주식 자본가　　　　　　　　　5

Chapter 1
당신이 알아야 할 금융시스템의 비밀

1 돈이 없을수록 주식투자에 도전하라　　　　　　　17
2 금융시스템이 쳐놓은 거미줄에서 벗어나라　　　　26
3 손실 경험을 통해 주식을 배워라　　　　　　　　　33
4 개인을 위한 정보는 없다　　　　　　　　　　　　42
5 흔들리는 마음을 분산하라　　　　　　　　　　　　49
6 장기투자는 결국 심리 싸움이다　　　　　　　　　59
7 호재에 사지 말고 악재에 사라　　　　　　　　　　69

Chapter 2

주식투자를 위한 기본 분석

1 '잘' 몰라도 된다 : 재무회계표	81
2 기본 중에 기본 : 투자지표	89
3 활용 차트 : LOG차트와 수정주가	95
4 관계로 읽어라 : 순이익 성장률과 PER	102
5 기업의 건강 상태 : 재무상태표	107
6 기업 능력 평가 : 손익계산서	114
7 기업의 혈액순환 : 현금흐름표	120
8 주식투자의 알파와 오메가 : 매입가와 타이밍	127
9 수익 상승의 기본 : 포트폴리오 경영 시스템	134

Chapter 3

경제를 읽는 투자자의 시각

1 경기주기가 반복되면 종목도 반복될까? 147

2 경기순환주기는 중요할까? 154

3 돈의 움직임을 보려면 환율을 보라! 161

4 금리 인상은 악재일까? 166

5 인플레이션 시대, 나의 돈을 지켜라 172

Chapter 4

과거 흐름으로 미래를 예측하라

1 한국증시에 처음 불어온 88 봄바람!　　　　　　　　185

2 가치투자의 시작　　　　　　　　　　　　　　　　　195

3 외환위기로 죽은 시장 벤처가 살려내다　　　　　　203

4 부동산보다 건설사 주식이 더 많이 오른다　　　　　212

5 대세 상승장, 뱃노래를 불러라!　　　　　　　　　　220

6 대체 에너지가 부상하다　　　　　　　　　　　　　227

7 다 함께 차차차!　　　　　　　　　　　　　　　　　232

8 건강과 미용의 시대가 오다!　　　　　　　　　　　239

9 변동성은 공포가 아니라 기회다　　　　　　　　　248

에필로그 부자가 될 가능성은 주식투자에 있다　　　　　257

Chapter 1

당신이 알아야 할
금융시스템의 비밀

· 01 ·
돈이 없을수록
주식투자에 도전하라

그 어렵다는 취직에 성공했다. 그리고 드디어 첫 월급이 통장에 들어온 순간이다. 과연 기쁘기만 할까? 아니다. 기쁨과 함께 걱정도 몰려올 것이다.

'앞으로 결혼도 해야 하고 아이도 키워야 한다. 그 와중에 집을 마련하고 내 노후를 준비해야 하는데… 과연 이 돈으로 가능할까?'

20대 후반부터 직장생활을 시작한다고 가정하면 대략 40대 중반까지 월급이 가파르게 상승한다. 그리고 그 이후에는 임금이 정체되면서 서서히 상승한다. 만약 근로소득과 예·적금에만 의존하게 된다면 50대 이후부터는 '경제적 여유'가 없다고 느끼게 될 것이다. 은퇴 이후의 삶을 준비하는 때니 더더욱 허리띠를 졸라매야 한다고 스스로를 압박할지도 모른다. 경제적 여유를 향해 한참을 달렸는데도 가닿기엔 너무 멀다. 이제는 20대, 30대 소득부터 100세 시대를 준비해야 한다. 그래야 50대 이후의 부족한 근로소득을 보완해 기존에 누렸던 삶의 질을 유지할 수 있다.

고소득 직장인에게는 누릴 만큼 누리고 미래를 준비하는 게 어려운 이야기가 아닐 것이다. 하지만 평범한 월급쟁이의 경제적 자유는 결국 재테크에서 승부를 보는 수밖에 없다.

흔히 재테크를 불로소득이라고 하지만, 막상 해보면 느낄 것이다. 거의 중노동에 가깝다는 것을. 돈이 넘쳐나는 상태에서 하는 재테크는 쉽지만 무일푼에서 한 푼, 두 푼 모아 최대의 수익을 내는 재테크는 상대적으로 어렵다.

부자들 곁에는 훌륭한 투자 멘토가 있다. 풍부한 자본금을 활용해 주식이든 부동산이든 최고의 재테크 전문가에게 자문을 구한다. 그런데 일반 투자자들은 어떠한가? 도움받을 주변 사람도 별로 없을뿐더러 전문가에게 자문 구할 돈도 아껴보겠다고 혼자 유아독존 태도만 보인다. 그러다 보면 수많은 시행착오를 겪을 수밖에 없다. 물론 전문가 모두가 실력이 있는 건 아니다. 하지만 어찌 되었든 부자와 서민의 재테크는 출발점부터 다르다.

상황이 녹록지 않다는 걸 알지만 답은 하나다. 더 열심히 사는 수밖에 없다. 딱히 다른 방법이 없기 때문이다. 평범한 직장인이 부자가 되고 싶다면 직장을 그만두고 사업을 해야 한다. 그리고 무조건 성공해야 한다. 아니면 로또에 당첨되거나 그게 아니라면 남는 건 역시 재테크다.

가장 무난한 방법은 직장을 계속 다니면서 근로소득을 최대한 높이고 아껴 자본소득으로 바꿔 나가는 것이다. 자본주의 사회에 사는 이상 젊었을 때 근로소득에만 의존하지 말고 자본수익이 발생하게끔 만들어야 한다.

돈을 벌기 위해서는 자유를 포기해야 한다. '취업'이 바로 그렇다. 일을 하고 돈을 벌었을 때 시간과 자유가 생길 것 같지만, 그렇지 않다. 그러나 돈이 돈을 벌게 만드는 재테크와 투자를 병행한다면 시간과 자유가 생긴다.

우선 어렵게 생각하지 말자. 재테크는 '어떻게 돈을 모을 것인가?'이고 투자란 '어디에 돈을 넣을 것인가?'라는 것만 알아두면 된다.

어떤 상황에 직면했을 때 "아니, 돈이 있어야 하지."라는 말을 해본 경험이 있는가? 그렇다. 삶에 있어 돈은 선택지를 그만큼 넓혀준다. 혹자는 돈보다 더 중요한 것이 있다고 한다. 물론 맞는 말이다. 하지만 자본주의 사회에서 돈이 없으면, 돈보다 더 소중한 것을 지키지 못하는 경우가 많다. 그게 현실 아닌가.

먹고사는 일이 해결되지 않아 하기 싫은 일을 억지로 하며 직장에 나가는 현실은 무엇 때문인가? 나는 금융 교육의 부재에서 그 원인을 찾고 싶다. 사실 나도 우리 부모님께 제대로 된 금융 교육을 받아 본 적이 없다. 가정뿐만이 아니라 우리나라 그 어떤 교육 기관에서도 가르쳐주지 않는 게 바로 금융 교육이다. 간혹 금융회사에서 실시하는 교육이 있지만, 금융 상품 홍보에 더 치중해 있다.

단 한 번의 주식투자 경험도 없는 몇몇은 "주식은 도박이야."라는 말을 하며 근로소득만 고집한다. 그리고 돈은 그저 열심히 일하고 모아야 한다고 주장한다. 틀린 말은 아니다. 하지만 평생 일만 하라는 소리인가? 나이가 들고 몸이 병들었을 때도?

우리가 만약 공산주의 사회에 산다면 이런 교육은 전혀 필요 없다. 하지만 지금은 돈이 돈을 버는 방법이 충분히 많은 자본주의 사회다. "투자요? 돈 잃으면 어떡해요. 무서워요. 전 그냥 열심히 일이나 할래요." 이런 말을 하지만, 나중에 닥칠 노후의 현실

앞에 후회할지도 모른다.

시간을 써서 일하는 것은 분명 한계가 있다. '나의 돈이 시간의 경계 없이 무엇을 하게 만드느냐.' 바로 이것을 고민해야 할 때다. 시간이 돈의 흐름을 타기 시작하면 모든 사람이 꿈꾸는 경제적 자유에 조금 더 가까워지고 있음을 자각하게 될 것이다. 평생 시급 얼마, 연봉 얼마를 따지며 국가와 기업을 상대로 싸울 것인지 아니면 돈을 시간과 싸우게 해서 돈으로부터 자유를 만들 것인지는 본인의 결정이다.

자녀가 성인이 될 때까지의 20년이란 시간은 자녀에게 '투자 골든타임'이다. 그러나 워런 버핏처럼 어린 시절부터 깨닫고 자녀가 스스로 돈을 벌어 불리기엔 한계가 있다. 이 시간을 활용하는 것은 전적으로 부모에게 달려있다. 최근 젊은 부모들은 자녀에게 주식을 사준다. 주로 자녀 명의로 된 주식계좌에는 장기투자 성향의 우량주를 담아주는 편이다. 미래에 대한 불안감이 커진 탓이다.

학위의 가치는 점점 낮아지고 있다. 사교육비를 쏟아부어 간판 좋은 대학을 학자금대출까지 받아가면서 졸업했는데, 막상 손에 떨어지는 월급을 받아보면 '내가 고작 이거 받으려고 그렇게 고생을 했나?'라는 생각이 든다. 대학등록금을 포함해서 사교육비도 일종의 장기투자인데, 투자 대비 수익률(월급)이 제대로 나오지 않는 셈이다. 그러나 그런 생각도 잠시다. 취업이 안 되는 주변 친구들을 보며 '그래도 요즘 같은 세상에 이거라도 받고 일할 수 있는 게 어디냐.'며 스스로를 위로한다.

취업 후 2, 3년은 학자금 대출 갚느라, 그 후 2, 3년은 자동차 할부금을 갚느라, 그다음엔 결혼, 내 집 마련, 아이 양육까지 하다 보면 저축하고 투자할 돈이 생길 리 없다. 그러다 겨우 집 한 채를 남기고 은퇴할 때 비로소 '취업만 하면 어떻게든 되겠지.'라는 생각이 얼마나 안일했는지 깨닫게 된다.

보통 미국 사립대 학비는 생활비를 제외하고도 총 1억 원이 넘는다고 한다. 유학이라도 다녀오면 취업 후 갚아나가야 할 빚은 더 많아진다. 집안 환경이 넉넉하면 전혀 상관없다. 그러나 스스로의 힘으로 자기 앞의 모든 것을 감내해야 하는 이 시대의 '흙수저'에겐 벅찬 일이다. '사회에서 하라는 대로 다 했는데 돈은 돈대로 들고 취업도 잘 안 되고… 도대체 내가 무엇을 잘못했지? 이건 사회의 잘못 아닌가?' 이러한 책임회피로나마 잠시라도 현재의 고통을 피하고 싶어질 뿐이다.

진로와 투자의 공통점은 무엇일까? 인기가 높아지면 더 많은 시간을 들이거나 돈을 줘야 한다는 것이다. 과거 인기를 누렸던 학과가 오늘날에는 시들해지고, 아무도 가려고 하지 않았던 학과가 갑자기 인산인해를 이룬다. 주식투자도 마찬가지다. 시간이 지나면서 인기 있던 종목의 주가가 내려가고 인기 없던 종목의 주가가 올라가는 현상을 곧잘 볼 수 있다. 시세의 원리는 비단 진로 선택뿐만 아니라 투자에도 적용된다.

보통 40대 초중반이 되면 자리를 위협받게 된다. 만약 내가 하는 일을 다른 사람이든 기계든, 대체할 무언가가 있다면 아무리 능력 있는 직원이라 하더라도 하루아침에 해고될 수 있다. 기업은 내 가족이 아니다.

수없이 많은 관리직이 일자리를 잃고 있다. 지금 안전해 보이는 분야가 가장 위험한 분야가 될 가능성도 높다. 그렇다면 더 안전한 울타리에서 미래를 계획해 보겠다고 공무원 준비라도 하면 해결될까? 진로든 투자든 사람이 몰리고 경쟁이 치열한 곳은 답이 아니다.

20세기 직장인의 시대는 역사상 가장 큰 위협을 받고 있다. 이제 직장은 가장 위험하고 불안한 곳이 되어 버렸다.

"금융은 국가의 운명과 관계되고, 투자는 한 집안의 운명과 연관되어 있다. 모든 사람은 거대한 투자 사냥터 속의 사냥감이며, 업계의 극소수만이 은밀

하게 사냥꾼 역할을 하고 있다."

— 『이기는 투자』, 피터 린치

　오르는 부동산은 이미 정해져 있다. 강남 부동산이 좋다는 것은 모두가 안다. 그러나 문제는 수중에 돈이 없다는 것이다. 자본금이 부족해 '가격대비 오를 곳'을 찾으려 부동산 공부를 하고 현장도 다녀보지만 부자들이 살 수 있는 부동산만 오를 뿐이다.
　그러나 주식은 다르다. 주식계의 강남 부동산으로 불리는 비싼 우량주도 마음만 먹으면 한 주씩 사 모을 수 있다. 자신이 사고 싶은 주식을 얼마든지 골라서 살 수 있다는 것이 큰 장점이다. 부동산이 부자들의 재테크라면, 주식은 돈 없는 서민이 '강남 부동산'을 살 수 있게 만들어주는 재테크 수단이다.

　미국의 경제학자들은 "자본주의 사회에서 필연적으로 발생할 수밖에 없는 빈부격차를 해소하기 위해 저소득층 주식 교육이 필요하다."라고 주장했다. 국가와 경제는 계속해서 성장한다. 그에 따라 국가와 기업의 자산이 점차 증가하는데 기업의 성장을 분배받지 못한 개인은 상대적으로 가난해지게 된다는 이유였다.
　자식을 좋은 대학 보내려고 한 달에 수백만 원을 들여 사교육비에 지출하는 대신 그 돈으로 주식에 적립식 투자를 해보면 어떨까? 남들이 좋다는 직장에 들어가기 위해 많은 돈과 긴 시간을 사용하는 방법 대신, 작지만 나를 필요로 하는 곳에 들어가 일하면서 매달 조금씩 주식에 저축해 보는 것은 어떨까? 그 적은 돈을 쪼개서 Good to Great 한 종목을 사서 모아 나간다면? 모두가 선망하는 곳에서 직장생활하는 친구들보다 지금 당장은 어려워도 조금 가까운 미래에는 더 여유로운 경제력을 가질 수 있다.

"가난하게 태어난 것은 죄가 아니지만 가난하게 죽는 것은 죄다."

― 빌 게이츠

· 02 ·

금융시스템이 쳐놓은 거미줄에서 벗어나라

    2005년, 나는 고등학생이었다. 우연히 주식을 접하고 투자를 시작했지만, 주식을 명확하게 알았던 건 아니다. 그저 자주 이용하는 기업 주식을 사는 수준이었다. 물론 다른 또래와 다르게 진보적인 발상이었음에는 분명했지만, 수익을 올린 건 2005년 대세 상승장에 운 좋게 편입한 덕분이었다.

    그렇게 2007년 대학에 입학했다. 입시에서 해방되자마자 본격적으로 주식 공부를 시작했다. 하지만 불행하게도 주식 공부를 본격적으로 시작했던 때는 다름 아닌 대세 상승장의 마지막 불꽃을 터트리던 2007년이었다. 당시엔 아무 주식이나 무작위로 사도 돈이 되던 시절이었다. 나 또한 열여덟이라는 어린 나이에 주식투자에 입문하고 단 한 번의 실패 없이 수익을 내고 있었다. 당시 내 자신감은 걷잡을 수 없이 높았다.

그러나 딱 거기까지였다. 2008년 금융위기를 통해 깨달았다. 그동안 하룻강아지 범 무서운지 모르다가 결국 주식의 불황기를 마주했고, 그동안 내가 주식투자로 돈을 벌 수 있었던 이유는 내가 잘해서가 아니라 시기를 잘 탔기 때문이라는 걸 말이다.

어떤 투자자가 있다. 쉽게 M이라고 부르겠다. M은 주식시장에 본격적으로 입문하고부터는 외인, 기관, 개인의 매매 동향을 체크하는 일로 하루를 시작했다. 새벽에 일어나 전날의 미국증시를 살폈고 그날의 한국증시가 어떨지 예측하고 투자할 산업과 업종 뉴스를 꼼꼼히 체크했다. 그다음에는 증권사에서 제공하는 추천 종목에 대한 사업보고서와 재무제표를 분석했고 애널리스트가 작성한 보고서도 빠트리지 않고 읽었다. 가끔 네이버 종목 토론 게시판에 들어가서 어쭙잖은 조언을 하기도 했는데, 당시의 M은 몰랐다. 장님이 장님에게 조언하는 셈이었다는 것을.

M은 투자에도 수학처럼 통하는 공식이 있다고 믿었다. 시중에 유명하다는 주식 관련 책을 읽고 강의도 들었다. 당시 증권사에서 개최하는 투자세미나는 거의 빠짐없이 참석했다. 학교 수업은 결석해도 주식 강의에는 출석했다. 서울에서 부산까지 가는 건

일도 아니었다. 군대 휴가도 세미나에 맞춰 나올 정도였으니 주식에 얼마나 푹 빠졌는지 예상할 수 있을 것이다.

M은 젊은 나이에 열심히 살고 있다고 자위하고 있었다. 재무제표와 차트에 여러 가지 보조지표를 넣어가면서 분석하고 또 분석했다. 다시 그때로 돌아가도 그렇게 살 자신이 없다고 생각할 만큼 깊이 빠져있었다. M은 젊은 슈퍼개미가 되어 언론에서 자신을 인터뷰할 날이 머지않았다는 환상마저 갖고 있었다.

처음에는 노력한 만큼 수익이 나는 듯했다. 그러나 문제는 시장 분위기에 따라 노력이 물거품이 되기도 한다는 거였다. M이 분석했을 때는 분명히 가치가 뛰어난 기업임에도 주식시장은 이를 인정하지 않았다. M은 자신이 틀릴 리가 없음을 확신하고 시장에 반하여 계속 그 종목을 밀고 나갔다. 과연 누가 이겼을까?

시장은 잔인하게 M을 짓밟았다. 그리고 M은 깨달았다.

"세상에서 가장 좋은 종목이란 결국 주식시장의 선택을 받은 종목이다. 내 생각이 맞고 틀림은 내가 결정하는 것이 아니라 주식시장이 결정한다."

결국 주식시장에 상장된 종목들은 시장의 선택을 받아야만 주가가 올라가는 법이다. 아무리 좋은 실적을 갖고 있다 하더라도 시장의 선택을 받지 않으면 투자자 입장에서는 팥 없는 붕어빵에 불과하다. 투자자에게는 매수한 이후부터 오르는 기업이 좋은 기업이다.

나는 그 누구보다 M에 대해서 잘 안다. 그렇다. M은 나의 대학 시절 이야기다. 학창시절에는 공부한 만큼 성적이 나왔다. 가끔은 그보다 더 잘 나오는 경우도 있었다. 하지만 주식은 달랐다. 20대 초반에 나를 가장 힘들게 했던 것은 확실하다고 생각했던 주식의 값이 뚝뚝 내려가고, 정말 아니라고 생각했던 주식이 위로 올라갈 때였다. 도저히 당시 상황이 이해되지 않았지만 나중에야 깨달았다. 주식시장은 원래 납득되지 않는 곳이라는 것을.

주식투자를 그만둬야 할 것 같았다. 누구의 말처럼 주식은 개미의 무덤일지도 모른다는 생각이 머릿속을 덮쳤다. 매일 불안하고 두려워 앓기까지 했다.

그전까지는 노력하면 무엇이든 이루어진다고 믿었고 대부분 그래왔다. 그런데 투자만큼은 달랐다. 노력 없이 결과가 안 좋았다면 '더 열심히 해야 하는데.' 하고 넘길 텐데, 할 수 있는 모든 걸 다 했는데도 투자 성적이 좋지 않으니 어떻게 해야 할지 막막했다. 노력만으로 성취할 수 없다는 걸 깨닫게 된 그때가 가장 힘들었다.

오래전에도 지금처럼 주식에 대한 기초 하나 없이 환상을 좇는 사람이 많았다. 하지만 나는 다르다고 자부했다. 누구보다 주식시장에 대한 이해도가 높다고 생각했다. 워런 버핏의 머리는 아니더라도 발끝만이라도 따라가려고 노력했다. 그래서인지 더욱더 포기하기 어려웠다.

처음엔 경험이 부족해서라고 스스로를 다독였지만, 1+1=2가 되지 않고 1+1=0이 되면서 극심한 자괴감에 빠졌다. '투자하지 않고 그냥 가만히만 있었어도 원금은 지킬 수 있었을 텐데. 지금 내가 뭐 하고 있는 걸까?'라는 생각마저 들던 어느 날이었다. 영화 정보를 보여주는 TV 프로그램에서 〈올드보이〉의 한 장면을 비춰주고 있었다.

"내가 왜 너를 15년 동안 가뒀는지가 아니라 왜 15년 만에 세상에 풀어줬는가를 생각하란 말이야. 자꾸 틀린 질문만 하니깐 맞는 대답이 나올 리가 없잖아?"

문득 이런 생각이 들었다. 스스로 한 질문이 애초부터 틀린 게 아니었을까? 워런 버핏이나 슈퍼개미가 했던 방식을 무작정 따라 하려던 게 문제였을지도 몰랐다.

스스로에게 던진 질문을 바꿨다.

"워런 버핏이나 슈퍼개미가 아닌 주식으로 동네 부자 정도 된 사람들은 어떤 방식으로 주식에 접근했을까?"

주식으로 수천억대 부자가 된 슈퍼개미가 아니라 그보다 적은 돈으로 부자의 꿈을 이룬 재야의 고수들을 찾아다녔다. 그들에게는 분명 다른 방식의 투자 전략이 있을 거라 확신했고 그들을 통해서도 답을 찾지 못한다면 그때 그만두는 게 옳은 선택이라 믿었다.

그들은 어마어마한 큰돈을 번 게 아니라서 언론에는 잘 알려지지 않았다. 대부분 나와 나이 차이가 크게 났지만 짧은 만남으로도 멘토가 되어주실 정도로 친절하셨다. 그들과 짧은 인터뷰를 진행하면서 약간의 실마리를 찾을 수 있었다. 개인투자자들 누구나 따라 해볼 수 있는 전략을 쓰고 있다는 것을 말이다.

그들은 내가 공부했던 방식과 다른 방식을 고수했다. 대부분 평범한 직장인이었고 정석적인 가치투자를 하기보다는 현재 시장에 적합한 종목들 위주로 투자했다. 그리고 철저히 분산투자 원칙을 지켰다. 가치보다는 시장에 선택받은 종목들 위주로 포트폴리오를 구성했고 평균 2, 3년마다 투자 종목을 교체해 나가는 방식이었다. 물론 그중에는 기업의 가치를 믿고 끝까지 보유하는 종목도 있었다.

개인은 절대로 특정 종목으로는 성공할 수 없다는 게 그들의 지론이었다. 특정 종목이 예상과 다르게 흘러가더라도 포트폴리오가 무너지지 않는다면, 충분히 작은 부자는 될 수 있다고 말했다. 그러려면 이 주식시장이 돌아가는 원리에 대한 최상의 이해도를 가지고 있어야 한다고 했다.

지금의 투자방식인 비중을 지키는 장단기 연쇄 투자자가 된 것은 이때의 영향이 컸다. 그들이 끊임없이 강조했던 말은 다음과 같다.

"혼자 소설 쓰지 마세요. 숫자에 집착하지 마세요. 시장을 이겨 먹으려고 하지 마세요. 그저 시장에 순응하십시오. 시장과 싸우지 말고 친구가 되어주세요."

나는 그동안 그저 금융시스템이 쳐놓은 촘촘한 거미줄 위에서 열심히 살아보겠다고 발버둥 치고 있던 한 마리의 개미에 불과했다. 누구보다 오래, 힘껏 발버둥 쳤지만 결국 그런 행동이 거미에게 더 눈에 띄어 잡아먹혀 버린 셈이었다. 물론 가치투자와 기업분석도 중요하다. 하지만 이 거미줄을 만든 금융시스템과 주식시장의 성격을 이해하는 게 더욱더 중요하다. 기억하라. 내가 투자하려고 하는 종목도 결국 주식시장 안에 있다는 사실을.

· 03 ·
손실 경험을 통해
주식을 배워라

"약간의 상식이 복잡한 이론보다 훨씬 유용하다."

– 월가의 격언

    흔히 "주식은 깡통 없이 배울 수 없다."라고 한다. 왜 주식은 돈을 잃어야 배우게 되는 걸까. 대부분 초보자는 스스로 분석할 힘이 없기 때문에 외부 정보에 의존한다. "누군가 어떤 주식이 좋다고 하더라." 하는 소식을 들으면 곧장 사고 보는 게 초보자다.

    이러한 초보자가 가장 먼저 접하는 외부 정보는 언론과 미디어다. '좋다'는 소리를 순수하게 믿고 투자했다가 첫 번째 '깡통'을 마주하게 되는 것이다.

언론에서 나온 호재를 보고 샀을 땐, 고점에 사게 되어 있다. 그러다 처음 접하는 조정 국면에서 당황한다. 처음엔 잘못 샀다고 인정하지 않는다. 그러다 주가가 절반 가까이 빠지면 그제야 뉴스를 찾게 된다. 불안한 마음을 타이르기 위해 아직 괜찮다는 걸 확인하기 위해서다. 하지만 주가가 하락할 때는 악재만 쏟아진다.

극단적인 선택 대부분이 순간의 감정에 휘둘린 행동이라는 연구결과가 있다. 주식도 마찬가지다. 악재 뉴스를 보는 순간 충동적으로 매도하게 된다. 초보자는 자신의 주식이 절반 가까이 하락하면 정신이 혼미해진다. 언론이 그 주식에 대해서 부정적인 소리를 하는 그 순간 충동적으로 주가가 가장 쌀 때 매도하게 되는 것이다.

초보자는 주식시장에 입문하면서 빨리 돈을 벌어 부자가 될 생각만 하지, 돈을 잃었을 때 어떻게 해야 한다는 PLAN-B가 전혀 없다. 그렇게 첫 번째 깡통을 경험한 이후에는 이미 머릿속이 새하얗다. 어떻게든 빨리 원금을 회복해야 한다는 생각밖에 없다. 이때부터 빨리 회복하려고 신용, 스톡론 등 소위 차입투자를 쓰게 된다. 그렇게 두 번째 깡통이 생기는 것이다. 이때의 심정은 말로 설명할 수 없다. 한 번이 아니라 두 번이나 상처를 받게 되면 그 고통은 굉장히 오래간다.

오랜 시간을 거쳐 주식을 겨우 복구했다고 치자. 그리고 두 번의 깡통을 통해서 "악재가 나올 때 주가가 싸고, 호재가 나올 때는 주가가 비싸다. 차입투자 방식은 절대 쓰면 안 된다." 정도는 알게 됐다. 기업의 사업보고서도 읽어 보고 유명한 투자회사의 투자보고서도 꼼꼼하게 읽었다. 그러나 한 가지 간과하고 있는 것이 있다. 기업의 사업보고서와 재무제표도 마음먹으면 합법적 조작이 가능하다는 것이다. 또한 투자회사의 투자보고서도 순수한 보고서라기보다는 특수한 이해관계가 얽혀있는 보고서일 가능성이 높다. 과연 불특정다수, 개인투자자를 위한 보고서가 더 많을까?

"이 기업 매우 훌륭합니다." 이런 말을 듣고 사면 대개 고점이다. 고점에서 들어가면 언제 다시 원금이 회복될지 모른다. 운이 좋아 몇 년 뒤에 원금 회복이 된다 하더라도 그동안 정이 들어서인지, 매도 시기를 놓치고 다시 내려가는 경우를 마주하게 된다.

주가가 올라가는 기업이 좋은 기업인데 이 기업을 최대한 '싸게' 사는 게 바로 기술 분석이다. (이 내용은 뒤에서 자세히 설명하도록 한다.)

기업에서 돈을 받고 쓴 기사에 현혹되는 경우도 있다. 이 경우에는 주가가 오른 다음에 기사가 나오는 것이 아니라 바닥권에 머물던 주가가 호재성 뉴스와 함께 움직이기 시작한다. 일부러 호재성 기사를 뿌리고 여론을 자극해 주가를 띄우는 방식이라 그 성격이 조금 다르다.

특히 기업이 단기간에 주가를 띄워야 하는 특수한 목적이 있으면 언론사에 돈을 주면서까지 좋은 기사를 써 달라고 요청한다. 예를 들어 한 기업이 전환사채 발행을 앞두고 단기에 주가를 띄울 목적으로 언론사에 기업 기사를 요청할 수 있다. 언론사들은 기업으로부터 홍보비를 받고, 기업 광고를 객관적인 것처럼 포장해 기사로 내보낸다.

주로 '최대의, 전략적, 만족스러운, 뛰어난, 우수한, 본격적인' 등의 주관적인 형용사를 가미해 그럴싸하게 만든다. 또한 '주변의 말에 따르면'이란 인용을 통해 누가 그런 말을 했는지 알 수 없게끔 만든 다음, 좋은 말을 붙여쓰기도 한다. 개인은 이용만 당할 뿐 진짜 돈은 전환사채 관계자와 언론이 번다. 너무한다 싶지만 법적으로 전혀 문제가 없다.

흔히 이렇게 사업보고서, 재무제표, 투자지표, 뉴스와 정보를 통해 어설프게 가치투자를 따라 하다가 세 번째 깡통이 난다. 뭔가 해보려다가 깡통이 나면 마음은 이미 만신창이가 되어 있다. 주식이 점점 더 무서워지기 시작한다. 그러나 주식투자는 중독이 심하다. 한번 발을 들여놓으면 손을 털고 나가기가 쉽지가 않다. 돈이 생기면 또 들어오게 되어 있다. 절대 못 나간다.

나는 대학 시절 교내 방송국 활동을 했다. 당시 증권부 기자 생활을 하는 선배의 강연을 들을 기회가 생겼는데, 신입생 때부터 주식투자를 해오던 나에게는 관심 갈 수밖에 없는 강의였다. 나는 그 자리에서 선배의 솔직한 고백을 들었다.

"여러분 앞에서 솔직히 양심 고백하겠습니다. 저는 증권투자 하는 사람들이 제 기사를 보고 돈을 잃든 벌든 크게 관심이 없습니다. 왜냐하면 제 월급을 그 사람들이 주는 게 아니니까요. 대부분의 개인투자자는 정보를 공짜로 받아봅니다. 공짜 정보에 과연 돈이 되는 정보가 있을까요? 언론도 하나의 기업입니다. 당연히 돈을 벌어야 합니다. 아이러니하게도 우리의 고객은 개인투자자지만 그들은 우리의 월급을 주지 못합니다. 그렇다면 저의 월급을 주는 사람은 누구일까요?"

생각해보니 그랬다. 수시로 인터넷 뉴스를 검색해봤지만 나는 어떠한 돈도 지불하지 않았다. 또한 뉴스만 봐서 주식투자로 성공했다는 사람도 보질 못했다.

선배는 계속 말을 이었다.

"과거 우리의 고객은 개인투자자였습니다. 그러나 주식투자가 오프라인에서 온라인으로 넘어가면서 누구나 무료로 기사를 쉽게 열람해 볼 수 있는 시대가 열렸습니다. 조간 발행 신문과 다르게 장중 실시간으로 업로드되는 기사가 탄생했습니다. 과거에는 소수의 대형 언론사가 언론을 장악하는 구조였지만, 지금은 대형 언론사에서 나온 직원들이 언론사를 직접 창업해 소형 인터넷 언론사가 난립하고 있는 상황입니다. 수월했던 기업 광고에 난항이 시작되면서 언론사들끼리 '기업 광고 모셔오기 쟁탈전'이 시작됐습니다."

그렇다. 소수 대형 언론사가 언론을 장악했을 때는 기업의 광고 효과가 컸다. 구독률이 올라가면 자연스럽게 광고가 증가하고 매출이 올랐다. 그러나 수많은 인터넷 언론사가 생기기 시작하자 경쟁이 격화되고 구독자가 분산되기 시작했다. 기업의 광고 효과는 반감되었다. 예전처럼 소수 언론이 구독자를 독차지하는 상황에서는 구독률이 높아 개인투자자도 고객이 될 수 있었지만, 이제는 옛말이 되었다. 언론도 기업이기 때문에 매출을 더 향상시킬 수 있는 방향으로 기업의 구조를 변화시켜야만 했다.

구독률을 높인다는 것은 불가능한 시나리오가 되었고 기업에 대한 로비를 통해 그들을 위한 기사를 써 주고 광고나 협찬을 받는 쪽이 더 유리해지기 시작했다. 요즘에는 기사인지 광고인지 구별 안 될 정도의 기사가 많아졌다. 개인투자자를 위한 기사를 쓰고 구독률을 통해 광고 매출을 올리는 방법보다 기업으로부터 돈을 받고 기사를 쓰는 게 더 큰 수익 모델이 된 것이다. 그렇게 되면 자연스럽게 기업의 광고가 많아질 수밖에 없었다. 투자자가 기사를 순수하게 받아들이면 안 되는 이유다.

언론사의 수익구조가 사회 변화에 맞춰 달라졌을 뿐, 이를 증권부서 기자의 잘못으로 몰아갈 수는 없다. 기자도 회사에서 월급 받는 직장인이다. 상부에서 압박하면 어쩔 수 없는 노릇이다. 물론 회사의 뜻에 반하는 기자도 있고 구조를 바꾸기 위해 노력하는 언론도 존재한다. 그런 부분에 있어서 죄책감을 느끼고 그만두는 기자도 많다고 했으니 말이다.

선배는 마지막으로 이 말을 남겼다.

"나는 개인투자자의 수익을 위해 발품을 팔며 현장을 누비지 않습니다. 제 선후배 기자도 마찬가지입니다. 모두 생계가 달려 있는 사람들인데 이름도, 얼굴도 모르는 개인투자자를 위해서 그렇게 불철주야 돌아다닐 기자는 거의 없다고 보면 됩니다. 기업 영업하러 돌아다니기에도 충분히 바쁩니다."

이렇게 언론까지 믿지 못하는 경우가 될 때, 전문가를 찾기 시작한다. 과거의 손실을 빨리 만회하려 비싼 회비를 내고 주식전문가를 검색한다. 그들의 홍보 문구는 매우 인상적이다.

'고통 없이 수익만 드릴 것을 약속합니다. 깡통계좌 바로 복구해드립니다. 급등주로 바로바로 벌어서 손실을 금방 만회해 드립니다.'

주식정보 유료 사이트를 보면 월 회비가 상당히 비싸다. 많게는 한 달에 100만 원도 한다. 이렇게 많은 돈을 받아서 과연 그 이상의 수익을 내줄 수 있을까 싶을 정도다. 어쨌든 이제는 공짜 정보가 아니라 비싼 회비도 냈으니, 주식으로 인한 고통이 끝나리라 생각한다.

혼자 힘으로는 잘 안 되니깐 지푸라기라도 잡는 심정으로 전문가의 힘을 빌린 것이다. 그렇게 손실을 만회하고 다시 시작해보지만 만약 여기서도 마이너스가 된다면 거의 완패다. 여기까지 왔다면 대부분이 포기하고 주식시장을 떠난다. 하지만 이때 포기하지 않는다면, 주식이란 결국 스스로 실전 매매를 반복하면서 배우는 게 방법이라고 깨닫게 된다.

나는 초보자들에게 말한다. 어차피 처음엔 돈을 잃게 되어 있다고 말이다. 이유는 간단하다. 모르기 때문이다. 그러니 처음에는 실습한다는 생각으로 적은 돈으로 매매를 해보길 바란다.

초보자가 운이 좋아 돈을 벌어도 본인 내공이 부족하면 어차피 주식시장이 돈을 회수해간다. 주식투자로 성공한 유명한 투자자나 주변의 잘 알려지지 않은 투자자들만 봐도 한 번에 성공했다는 사람을 본 적이 없다.

자기가 종사하는 업종에 대해 좀 안다고 덤비다가 마이너스로 몰리는 경우도 종종 봤다. 그 이유는 무엇일까? 업종에 대해서 다른 사람보다 자기가 더 잘 안다고 생각하기 때문이다. 물론 도움이 될 수는 있겠지만 한 분야에서 잘 아는 것과 주식시장은 전혀 다른 게임이다. 주식 시세를 이해하지 못하면 아무리 업종 종사자라고 할지라도 고점에서 사고 저점에서 팔 수 있다.

주식투자는 결국 돈을 잃음으로써 조금씩 배워나가는 법이다. 길게 보면 잃은 돈이 아니라 주식시장의 수업료로 봐야 한다. 무지한 상태에서는 절대로 주식시장의 돈을 빼앗지 못한다. 모의투자 수상자가 실전 투자에서 똑같은 수익률이 안 나는 이유는 가상의 돈을 잃었을 때와 진짜 내 돈을 잃었을 때의 심리 상태가 다르기 때문이다. 주식시장은 체급이 없다. 덩치가 큰 사람이나 덩치가 작은 사람이나 같은 조건에서 싸운다. 마음을 독하게 먹어야 한다.

· 04 ·
개인을 위한
정보는 없다

    투자를 하며 수없이 들여다본 자료들은 인터넷에서 쉽게 구할 수 있는 기사와 증권사 보고서였다. 이 정보들이 불필요하다고 생각한 적은 없지만 주식 공부의 핵심을 놓치고 있다는 기분이 들었다. 그리고 이런 의문도 꼬리를 물었다. '내가 나름대로 주식 공부라고 매일 읽고 분석했던 자료의 출처는 어디일까?'

    영화 〈부산행〉에서 공유(석우 역)는 증권사 펀드매니저로 나온다. 초반 장면에서 그는 점심을 햄버거로 해결하면서 모니터 앞 차트를 뚫어져라 바라본다. 그러다 한 통의 전화를 받는다. 전화 속 말소리가 정확하지는 않지만 뭔가 단단히 화가 난 상사에게 걸려온 전화 같다. 석우는 전화를 끊고 숨을 깊게 들이마신다. 그리고 사무실에 들어온 김 대리에게 물량을 다 던지라고 말한다. 그러자 김 대리는 "그러면 개미들의 피해가 막대할 텐데요⋯⋯."라고 말끝을 흐리지만 석우는 "우리가 언제 개미 편의 봐가면서 일하는 사람들이었어? 지금 당장 물량 던져."라고 지시한다.

극중 상화는 석우의 딸 수안에게 아버지의 직업을 묻는다. 수안이 증권사 펀드매니저라고 답하자 상화는 "아⋯ 개미핥기?"라고 말한다. 옆에 있던 부인 성경은 애한테 못하는 말이 없다고 타박하지만 수안은 "괜찮아요. 다들 그렇게 부르는데요 뭐."라고 대꾸할 뿐이다.

나중에 석우는 사람들이 좀비로 변한 이유가 본인 직장의 이득을 위해 살려준 회사 때문이라는 사실을 알게 되고 큰 충격을 받는다. 그리고 죄책감에 전화한 김 대리에게 석우는 이렇게 말한다.

"김 대리, 괜찮아. 네 잘못 아냐. 우리 어차피 위에서 시키는 대로 하는 사람들이잖아. 응?"

누군가는 감독이 펀드에 가입했다가 손실이 나서 화풀이 식으로 시나리오에 집어넣었다는 우스갯소리를 했다. 그러나 이런 일들이 영화에서만 존재하는 게 아니라 실제로도 비일비재하게 일어나는 일이라면?

증권사의 수익구조를 떠올려보자. 제일 먼저 떠올리는 건 거래 수수료다. 그러나 최근 증권가의 흐름을 보면 거래 수수료는 무료로 전환되는 추세다. 거래 수수료 무료라니. 개인투자자가 보기에는 충분히 좋아 보인다. 하지만 이 말의 의미를 다시 되짚어 보면, 개인을 더 이상 고객으로 보지 않겠다는 말이 아닐까?

그렇다면 수수료 무료라는 홍보를 내건 증권사는 어디에서 돈을 버는 걸까? 증권사는 여러 부서에서 다양한 상품을 통해 수익을 내는 구조로 되어 있는데 그중 하나 흥미로운 부서가 있다. 바로 법인영업부서다. 금융 고시를 패스하고 증권사에 입사한 엘리트 애널리스트보다 더 큰 권력을 가지고 있는 부서다. 대체 그들이 하는 일은 무엇일까?

그들은 액수가 큰 VIP(기관/외국인 자본)를 유치하는 일을 맡는다. 만약 당신이 증권사라면 무료로 거래하고 있는 개인투자자와 큰 자본을 맡긴 VIP 중에서 누구에게 더 집중하게 될까?

앞서 말한 언론과 마찬가지인 셈이다. 증권사도 이미 경쟁이 격화된 거래 수수료 시장을 포기하고 큰돈을 가진 VIP를 유치해 그들에게 거액의 수수료를 받는 구조를 택한 것이다. 증권사와 VIP의 거래는 수익구조 측면에서 절대적으로 유리한 일이다.

이렇듯 언론과 증권사 모두 VIP 편이라는 걸 알게 된다면, 그들이 생산해내는 정보를 활용해 투자하는 게 얼마나 위험한 일인지 알 수 있다. 그들에게 개인투자자는 이용 대상일 뿐이지 주요 고객이 아니다. 증권사 하늘 아래 두 고객은 있을 수 없는 법. 증권사는 둘 모두에게 수익을 안겨줄 수 없다.

증권사에서 VIP를 위해 해줄 수 있는 서비스는 무엇이 있을까? 바로 애널리스트의 보고서다. VIP의 높은 수익 실현을 위해선 그 물량을 받아주는 수많은 개인투자자가 필요하다. 목표가 상향의 보고서를 적절한 타이밍에 1차, 2차, 여러 번 발행하면 개인투자자의 수급이 들어오는 건 일도 아니다. 정확히 말하면, 보고서는 개인투자자들에게 주는 '돈 버는 방법'이 아니다. 오히려 그 반대일 가능성이 높다. 왜 증권사가 애널리스트에게 억대 연봉을 주는지, 막대한 비용을 들여가며 리서치 센터를 운영하고 개인투자자에게 보고서를 발행해주는지에 대한 이유가 퍼즐 조각처럼 맞춰진다.

투자를 하면서 궁금했던 건 '왜 증권사 보고서는 다 중립 아니면 매수 의견일까?'였다. 이유는 하나다. 어떻게든 사게 하려고 하는 것이다. 매도는 수익실현을 의미하는데 증권사는 개인투자자의 수익을 위해 애쓸 이유가 없다.

처음에는 개인투자자 자본금에 한계가 있기 때문에 거래를 빈번하게 발생시켜 수수료를 벌기 위한 수단이라고 생각했다. 왜냐하면 어떤 종목을 새로 산다는 것은 다른 종목을 매도했다는 뜻이 될 수 있기 때문이다. 그러나 이미 수수료는 포기하지 않았던가. 그럼 VIP의 목표가 상향을 위한 매수 추천이라고 봐도 일리는 있다.

물론 증권사는 아니라고 주장한다. 개인들에게 최초로 발행한 것이라고 한다. 그러나 보고서도 시안이라는 게 있다. 완성본이 최초로 개인한테 전달된 게 맞을지 몰라도 시안은 VIP가 먼저 검토할 수 있다. 따라서 법적으로는 아무런 문제가 없다. 미국은 법인부서와 애널리스트 그리고 VIP가 합석하는 게 법적으로 금지되어 있지만 한국은 아니다. 모든 작업이 원하는 방향대로 이루어졌다면 함께 만나 회포를 풀 법도 하다.

그동안 이런 구조에서 쏟아지는 보고서를 보면서 종목을 선정하고 매매를 하고 있었다. 월가의 격언 중에 "오늘 뉴스는 이미 9개월 전 시장에 반영되었다."라는 말이 있다. 기자들은 기업에 대해서 좋은 소스(호재), 나쁜 소스(악재)를 모두 가지고 있다. 주가가 먼저 움직이고 소스(테마)가 붙는 것이지, 재료가 먼저 붙고 주가가 움직이는 건 아니다. 그러나 사람들은 마치 재료가 있었기 때문에 주가가 움직인 것이라고 착각을 한다. 이 사실을 깨닫는다면 뉴스가 나오기 전 시세에 대해 연구를 하는 게 얼마나 중요한

지 실감할 것이다.

정보에 있어서 개인투자자는 절대로 덩치 큰 세력을 앞설 수 없다. 핵심 정보는 그들에게 먼저 간다. 그리고 주가에 이미 반영이 되고 나서야 비로소 개인에게 무료로 배포된다. 주식시장에서 움직이는 시세는 결코 순수하지 않다. 그렇기 때문에 보이는 대로 믿는 대다수 투자자는 그들이 쳐놓은 낚싯줄에 걸려들 수밖에 없다.

가치가 우량한 기업에 투자하는 방법은 매우 순수한 일이다. 하지만 그 종목이 있는 주식시장은 절대로 대중의 바람처럼 순수하지 않다. 아무리 가치가 우량한 기업일지라도 시장의 부름을 받지 못하면 주가는 움직이지 않는다.

우량한 기업도 언제 진입하느냐가 중요하다. 언론에서는 재료(호재·악재)를 흘려 마치 기업이 재료 때문에 주가가 움직였다고 주장하지만 시세는 이미 그 전부터 반영이 된 경우가 많다. 뉴스를 빼고 차트(시세의 움직임)만 놓고 바라보면 그동안 너무 올랐으니깐 내려가고, 너무 내려갔으니깐 올라간 것뿐인 경우가 더 많다.

과거 2009년부터 약 3년 동안 엔씨소프트에 투자해 10배 이상의 수익을 올렸던 한 투자자가 있었다. 그는 사업보고서, 언론사 뉴스, 증권사 리포트를 보고 투자한 것이 아니었다. 게임업계 종사자도 아니었으며 특히 리니지란 게임도 몰랐다. 너무 신기한 나머지, 어떻게 투자를 결정했냐고 물었다. 그 투자자의 대답은 간단했다.

"그냥 차트를 보니 이제 올라올 위치에 와있더군요."

워런 버핏의 가치투자에만 빠져 있던 나에게는 상당히 충격적인 대답이었다. 그동안 차트는 투기꾼들만 보는 자료라고 생각했다. 함께 가치투자를 하는 사람들도 그 대답을 듣고는, 우연한 결과일 뿐이라고 치부했다. 나는 내가 투자를 하면서 무엇인가 놓치고 있는 것들이 있다는 것을 직감했다.

그리고 그는 이런 말을 덧붙였다.

"주식시장이 아무리 사기판이라고 해도, 큰 자본이 그려나가는 움직임은 절대 속일 수가 없습니다. 정확히 말하면 그들이 만들어 나가는 시세의 움직임은 긴 움직임이기 때문에 반드시 흔적을 남깁니다. 그들이 그리는 큰 그림을 해석할 수 있느냐가 투자의 큰 관건이죠."

· 05 ·
흔들리는 마음을 분산하라

어느 날, Y 씨가 상담을 요청했다.

말하기 부끄럽지만 용기 내서 상담 요청합니다. 현재 손실금이 5,000만 원입니다. 지금이라도 손절매를 해야 한다는 걸 알면서도 심장이 떨려서 매도 버튼이 안 눌러집니다. 1년 전 A 종목에서 2,000만 원 손실을 보면서 만회하려고 전문가 추천 종목인 B로 갈아탔는데 더 큰 손실을 보았습니다. 그런데 한 달여 지나고부터 A 종목은 회복됐습니다. 만약 계속 들고 있었더라면 30% 수익 구간입니다. 빨리 원금 회복 후 제자리로 돌려놓아야 하는데 조급함이 앞섭니다. 남편은 아직 이 사실을 모릅니다. 주식을 처음 접할 때는 이런 신세계도 있구나 싶었고 가슴이 부풀었었는데 아주 무서운 곳이더군요. 이렇게 하다 깡통계좌가 되는가 봅니다.

한 번 손실을 보게 되면 조급함이 앞서게 된다. 주식투자는 심리 싸움이다. 조급함은 시작부터 지는 게임에 나서는 것과 같다. Y 씨는 주식시장에 대한 이해가 전무한 초보자로, 정보에만 의지해 한 종목에 집중 투자해 승부를 보려고 했다. 현금뿐만 아니라 대출까지 이용해 풀베팅을 한 상태였다.

나는 이렇게 답변했다.

흔히 탐욕과 공포를 제어하라고 하죠? 그런데 이게 말이 쉽지 인간의 본성을 스스로 제어한다는 건 대단히 어려운 일입니다.

아마 특정 종목을 통해 인생을 역전하려고 욕심을 부린 것 같습니다. 하지만 올인한 종목의 주가가 슬슬 내려가니 스스로의 공포심을 제어하지 못하고 손절매했습니다. 애당초 손절매할 주식이었다면 사지 않는 게 좋습니다. 그리고는 원금을 잃었다는 조급함과 다시 빨리 만회하려는 생각에 전문가 추천 종목에 무작정 탑승했습니다.

게다가 본인이 열심히 번 돈 이외에 레버리지까지 썼고 배우자 몰래 하는 주식투자에 마음이 편치 않았을 것입니다. 주변의 응원을 받고 주식투자를 해도 어려운 판국에 모든 환경이 투자자의 심리에 매우 불리하게 작용하여 결국 이 상황을 만들었다고 볼 수 있습니다.

우선 남편에게 지금 상황을 솔직하게 이야기하고 도움을 요청하세요. 그리고 현재 가지고 있는 종목의 손실이 아깝다고 계속 붙들고 있지 말고 정리 후 레버리지

부터 갚으시길 바랍니다. 한동안은 주식투자를 하지 말고 주식투자로 인해 받은 고통과 상처를 먼저 치유 받는 게 좋습니다. 지금 받는 고통이 크면 클수록 나중에 더 큰 보상으로 돌아올 것입니다.

초보자가 3년 동안 주식투자로 손실이 없다면, 그것만으로도 대단한 일이라는 말을 들어봤을 것이다. 맞는 말이다. 주식투자는 단순한 이론으로 흐르지 않는다. 초보자는 경험 부족으로 반드시 실수하게 되어 있다. 또한 주식 시세의 움직임은 실제로 경험해야 알지, 절대 책으로 배울 수 없다.

앞서 Y 씨는 앞서 말한 깡통계좌 만드는 주식시장의 시스템에 걸려 있는 듯했다. 주식시장에서 한 번 밀리게 되면 손실이 기하급수적으로 증가한다. 모든 것은 투자자의 심리에 달려있다.

전문가가 추천해준 종목이라고 덥석 잡으면 안 된다. 전문가는 한 종목을 매우 자세히 설명하기 때문에 그 이야기를 듣고 있으면 마음속에 충동구매가 오기 마련이다. '어머, 이건 사야 해!' 처럼 말이다. 한 종목에 대해서 한 3시간가량 설명을 듣고 있으면 안 사고는 못 배긴다. 이때 비중을 지키면 상관없지만 욕심으로 자신이 감당할 수 있는 금액 이상을 사버린다.

전문가의 추천은 대부분 어느 정도 주가가 올라와 있을 때 나온다. 왜냐하면 바닥은 설명할 수 없기 때문이다. 재무제표도 안 좋고, 실적도 안 좋고, 좋은 뉴스도 없다. 바닥은 전문가도 강하게 추천을 못 한다. 간혹 어떤 전문가는 자신이 이미 많이 사놓고 회원들을 총알받이로 세워 자기 이익만 취하기도 한다. 이러한 사례는 기사를 통해서도 많이 들었으리라.

슈퍼개미들은 어떻게 돈을 벌었을까? 우선 단기투자를 통해서 돈을 벌었다는 사람은 못 봤다. 모두 장기투자자들이다. 결국 남는 방법은 종목 선택이다. 그런데 그들이 과연 대형 우량주에 장기투자해서 돈을 벌었을까? 아니다. 대형 우량주 투자는 근본적으로 슈퍼개미의 방식과 거리가 있다. 그들은 철저히 시가총액이 작은 종목 중에서 옥석을 가리고 소위 빅뱅을 만들어 줄 수 있는 종목에 집중 투자한다. 그들은 철저히 분석한 소수 종목을 가지고 자신이 가진 전부를 건다.

평범한 개인투자자의 목표는 슈퍼개미가 아니다. 단지 은퇴 후에도 은퇴 전의 삶의 질을 유지할 수 있는 경제적 자유 정도다. 슈퍼개미 방식의 투자만 지향한다면 큰돈을 벌 수도 있지만 쪽박을 찰 수도 있다. 실제로 극소수만 슈퍼개미가 되고 대다수는 슈퍼 거지가 되지 않는가?

작은 부자로 만들어주는 주식투자 방정식은 다(多) 종목 분산

포트폴리오 접근법이다. 슈퍼개미들의 소수 종목 집중 포트폴리오와는 다르다. 이유는 플랜 B에 있다. 지극히 평범한 투자자라면 '만약 특정 종목이 잘못되더라도 나의 포트폴리오는 무너지지 않을 수 있는가?'라는 의문을 품고 투자해야 한다.

나는 어릴 때 흙수저 인생을 경험해봤고 다시는 그때로 돌아가고 싶지 않다. 그래서 무리해서 자산을 늘리기보다는 천천히 자산을 늘려나가는 방식을 추구하고 싶었다. 주식투자로 큰돈을 벌었던 사람들이 무리하다가 결국 과거로 돌아가는 모습을 많이 봐왔기 때문이다.

어떤 특정 종목을 사 돈을 불렸다는 게 중요한 게 아니다. 평생 주식투자를 하면서 큰 손실 없이 자산을 불릴 수 있는가에 더 집중해야 한다.

그러다 보니 내 자산 증식 속도는 가치투자를 시작한 다른 동기들보다 느렸다. 같은 종목에 투자하더라도 나는 비중을 3% 이상 차지하지 않도록 유지했고 다른 동기들은 많게는 50% 이상으로 비중을 늘리기도 했다. 그러다 그 종목이 100% 이상 수익을 내면 상대적으로 박탈감을 느꼈다.

그럴 때일수록 마음을 다잡았다. 나는 여전히, 충분히 젊은 나이였다. 속도가 조금 더디면 어떠한가. 남들보다 적지만 스스로

만족할 만한 수익을 얻기도 했다. 주식을 긴 마라톤으로 생각하는 내가 결승선을 제일 먼저 통과할 거라는 믿음이 있었다.

때때로 그 종목에서 큰 손실이 나면 나는 큰 데미지가 없었지만 비중이 높았던 다른 친구들은 다시 큰 마이너스만 얻게 되었다. 장기적으로 내 자산은 우상향하고 있었지만 막상 동기들의 자산은 크게 벌고, 잃고를 반복하다 보니 제자리였다.

현재 나는 30대 초반의 나이에 5억 원 이상의 주식계좌를 운영하고 있다. 대출금 하나 없는 현금이다. 물론 중간중간 재테크를 통해 주식계좌에 돈을 넣긴 했지만, 이 정도면 투자성과로 훌륭하다고 볼 수 있지 않을까? 현재는 자본 분산을 위해 부동산 투자도 병행하고 있다.

100억 이상의 자산을 가진 슈퍼개미로 알려져 있고 주식투자 책을 내고 강의도 활발하게 하던 투자자 중 10년 이상 활동하고 있는 사람은 드물다. 왜 그럴까? 둘 중 하나다. 그저 외부활동을 중단했을 수 있지만, 무리하게 투자하다가 망해서 어쩔 수 없이 정계 은퇴(?)를 했을 수도 있다. 슈퍼개미의 투자법은 무조건 풀베팅이니 말이다.

그렇다면 투자 실력이 부족해서 깡통계좌가 됐을까? 무일푼에서 주식투자로 10억 이상의 자산을 형성한 사람이라면 이미 실력은 인정되는 셈이다. 하지만 주식시장에서 살아남으려면 실력만으로는 안 된다. 운도 같이 따라줘야 하는데, 그 미세한 한 끗 차이로 깡통과 대박이라는 운명이 갈린다.

모든 상황을 철저히 분석하고 고려했다 하더라도 기업의 요소 전부를 알 수 없으며 기업경영도 결국 사람이 하는 일이기에 예상치 못한 변수가 발생하기 마련이다. 주식시장도 마찬가지다. 아무리 훌륭한 기업이라도 시장의 선택을 받지 못하면 언제까지 조정을 받을지 예측하기 어렵다.

나는 슈퍼개미가 아니다. 그리고 앞으로도 슈퍼개미가 될 생각은 없다. 이 책도 여러분을 슈퍼개미로 만들어 주진 못한다. 아무리 젊은 나이에서부터 투자를 시작했다 하더라도 지금과 같은 투자방식으로는 순자산 100억 원까지는 무리다.

현재 나는 내 꿈처럼 점점 동네 작은 부자가 되어 가는 중이다. 예전에도 그래왔고 앞으로도 돈 때문에 내가 하고 싶지 않을 일을 하거나 만나고 싶지 않은 사람들과 어울리지 않아도 된다. 내가 만나고 싶은 사람들을 만나며 내가 하고 싶은 일, 내가 가고 싶은 곳을 여행 다니며 나만의 버킷리스트를 실천하며 사는 진정한 경제적 자유인이 되고 있는 중이다.

내가 했던 강의명은 〈실패 제로 주식투자〉였다. '평생 큰 실패 없이 주식투자를 통해 자산을 불려 나가자'라는 나의 주식투자 지향점이기도 하다. 물론 이런 투자방식을 보고 "한 종목에 크게 질러야지, 너무 답답하다."라고 말하는 사람도 있다. 만약 그 투자방식으로 돈을 꾸준히 벌고 있다면 그렇게 하라고 대답한다. 대부분 나에게 찾아오는 사람들은 그런 투자방식으로 큰 손실을 입은 사람들이다. 오랜 시간 실패의 늪에서 허우적거리다, 그래도 만회할 기회는 주식투자밖에 없다고 생각하고 다시 시작하려는 사람들이다.

주식투자에도 심리 상담사가 필요하다. 투자로 인해 상처받은 마음을 치유하고 다시 주식과 친구가 되어줄 수 있도록 돕는 사람들 말이다. 이게 치유되지 않은 상태에서 다시 주식투자를 하면 또 과거와 같은 결과를 마주하기 쉽다. 마음의 병을 치료한 다음에 투자법을 교정해야 한다.

주식시장에는 약 2,000여 종목이 상장되어 있는데 그중 활발하게 움직임을 보이는 종목은 300여 개에 불과하다. 나머지는 전부 휴면상태다. 그 종목들을 잘 선별해 투자하면 주도주도 걸리고 급등주도 걸린다. 이렇게 되면 투자가 매우 재미있게 느껴질 것이다. 우량주 투자의 지루함도 달랠 수 있다. 포트폴리오를 만들고 연평균 수익률 15%를 목표로 해보자. 만약 연평균 30% 이상 수익을 내면 한 해 농사를 잘 지은 것이다.

주식투자를 시작할 때, '나는 몇 종목으로 포트폴리오를 구성할 것인가?'를 미리 정해야 한다. 내가 추천하는 방식은 자본금 1억 원 이하는 50종목 이하, 1억 원은 100종목 이하, 2억 원은 150종목 이하, 3억 원은 200종목 이하다. 처음부터 종목을 채우지 말고 시간적 여유를 가지고 차트를 돌려보며 적립식으로 꾸준히 담으면 된다. 그리고 자본금 3억 원이 넘어가면 종목을 더 이상 늘리지 말고 기존에 있던 종목의 비중을 늘리는 방식을 택해야 한다. 아니면 해외주식 병행도 하나의 방법이다.

이렇게 종목을 분산하는 이유는 공부 측면도 있지만 매일 흔들리는 초보자의 마음을 분산하기 위해서다. 많은 종목으로 시작해서 주식투자의 실력이 어느 정도 쌓이면 그때 조금씩 줄여나가면 된다. 그래도 최소 50종목 이상은 분산투자하는 걸 추천한다.

슈퍼개미를 비롯하여 월가의 유명한 펀드매니저들을 보면 다 주식경력이 길다. 워런 버핏도 일찍 주식투자를 시작했지만 세상에 이름을 알려진 건 60대가 다 되어서였다. 주식투자는 결국 시간이 필요한 일이고 경험의 싸움이다. 유명한 주식투자자들의 나이가 다 많다는 것이 이를 증명해주고 있지 않은가?

시장에 처음 입문하면 경험이 많은 사람에게 돈을 뺏기게 되어 있다. 이는 주식뿐만 아니라 어느 분야에서든 마찬가지다. 결국 처음에는 적은 돈을 잃으면서 수업료라고 생각해야 한다. 그렇게 매매 경험을 쌓으면서 주식에 대한 경험치를 쌓는 수밖에 없다.

    주식 책을 많이 읽었다고 해서 경력이 쌓이는 건 아니다. 모의투자하지 말고 직접 투자하라. 본인이 직접 주식시장의 시세를 경험하며 가격의 움직임을 온전히 느껴라. 그리고 깨달아라.

· 06 ·
장기투자는 결국
심리 싸움이다

또래에 비해 상대적으로 큰 자산을 만들 수 있게 된 이유는 리스크 관리를 잘한 덕분이다. 20대 때 과외 아르바이트를 했는데 나갈 지출이 별로 없다 보니 대부분 소득을 주식 투자하는 데 썼다. 사실 주식투자라기보다는 주식을 저축처럼 활용한 것에 가까웠다.

투자방식을 찾지 못해 방황하는 시간도 있었지만 처음부터 끝까지 분산투자를 고수했다. 주식투자를 하면서 주식계좌에 넣은 돈이 그곳에서 사라지는 일이 있더라도 단 한 번도 다시 일반 계좌로 돌아오지 않았다.

초보 시절에는 분산투자를 해도 분산투자한 종목 50% 이상에서 손실을 봤다. 당시에는 황당하다고만 생각했다. 지금 와서 생각해보면 방법에 문제가 있었다. 시장에서 뜨거운 인기를 탔던 종목을 뒤늦게 고점으로 들어가니 아무리 기다려도 수익이 날 리 없었다. 아무리 장기투자라 할지라도 결국 타이밍 싸움이라는 것을 깨달았다.

또 하나의 문제점은 투자한 종목이 앞으로 얼마나 오를지 감이 없다 보니 조금만 올라도 그 수익을 다시 뺏길까 봐 미리 매도해버리는 것이었다.

필립피셔는 이렇게 말했다.

"주식투자에서 볼 수 있는 가장 큰 손해는 훌륭한 회사를 너무 일찍 파는 것에서 비롯된다. 오래 보유했다면 수백 %, 수천 %의 경이적인 수익률을 안겨줄 회사를 단지 수십 % 올랐을 때 빨리 팔아버리는 게 장기적으로 보면 제일 큰 손실이다."

나도 처음에 '30% 정도 올랐으면 많이 올랐으니깐 팔아야지.'라는 생각을 떨쳐낼 수 없었다. 그런데 주식은 수익률로 파는 게 아니다. 장기적인 추세가 계속 이어지는 기간에는 수익률이 얼마가 되었든 계속 보유해야 한다.

큰 시세의 흐름만 이해하면 누구나 주식투자로 작은 부자가 될 수 있다. 장기투자가 단기투자보다 올바른 투자방법이라서가 아니라 실제로 큰돈을 벌어다 주는 것은 결국 장기투자다. 단기투자는 이미 인공지능 프로그램이 장악해버려서 인간이 따라가기 어려운 수준이 되어버렸다.

매일 주식시황을 보면서 주식 공부를 열심히 하고 있다고 자위하는 사람들이 많다. 하루, 이틀 주가가 반등하는 것이 과연 무슨 의미가 있을까? 가장 중요한 것은 주식투자가 아니라 근로소득이다. 꾸준히 주식 수를 계속 늘려갈 수 있는 돈 말이다. 좋은 종목을 골고루 잘 담아 놓았다면, 일정 부분만 현금으로 가지고 있고 나머지 시간에는 다시 일을 해서 돈을 벌자는 말을 자주 한다. 그 누구라도 일단 투자를 하면 기다리는 것밖에 달리 방법이 없다. 주식 수익은 투자자의 잔재주가 아니라 결국 시간이 벌어다 주는 것이다.

나는 직장은 부업이고 본업은 투자자란 마인드를 가지고 있다. 왜냐하면 현재 직장을 통해 얻는 연봉보다 주식계좌를 통해 얻는 복리수익이 더 크기 때문이다. 당연히 처음부터 그렇지는 않았다.

주식투자를 10년 넘게 해오고 있지만 주식투자 이론이라는 것은 마음만 먹으면 1년 안에 다 배울 수 있다. 그런데 문제는 결국 심리와 정신력이다. 주식시장을 이기는 방법은 외부에 있던 것이 아니라 결국 내 마음속에 있는 것이다.

초보자는 주식시장에서 몇 번 시장조정을 경험하면 깜짝깜짝 놀란다. "이거 어떻게 해야 돼요? 손절매해야 되나요? 조만간 전쟁 난다고 그러는데 괜찮은 건가요?" 마치 다른 동네 놀이터에서 정신없이 놀다가 길을 잃은 어린아이처럼 말이다.

흔들리는 마음을 잡기 위해서는 인위적으로 그런 환경을 만들어야 한다. 그것이 바로 분산투자이고 비중조절이다. 또한 애당초 손절할 주식은 사지 말아야 한다. 기업의 주주가 된다는 생각으로 사면 심리 상태를 안정시키는 데 좀 더 도움이 된다. 주주 하려고 샀던 주식이 조정되면 더 싼 가격으로 살 수 있으니 오히려 좋은 일이 아닌가?

처음에는 시세에 대한 감각이 없기 때문에 아무 때나 주식을 사게 되지만 주식시장에서 구르고 경험이 쌓이면 고점과 저점 구간을 알아보는 감각이 생긴다. 물론 최저점과 최고점은 신도 모른다. 떨어지는 종목을 손절매하지 않고 참아내는 것도 인내지만 올라가는 종목을 추격 매수하지 않고 눌러줄 때까지 기다리는 것 또한 대단한 인내가 필요하다. 우상향하는 종목도 마냥 오르는 것이 아니라 눌러주면서 올라간다는 사실을 이해하는 게 중요하다.

원익QNC

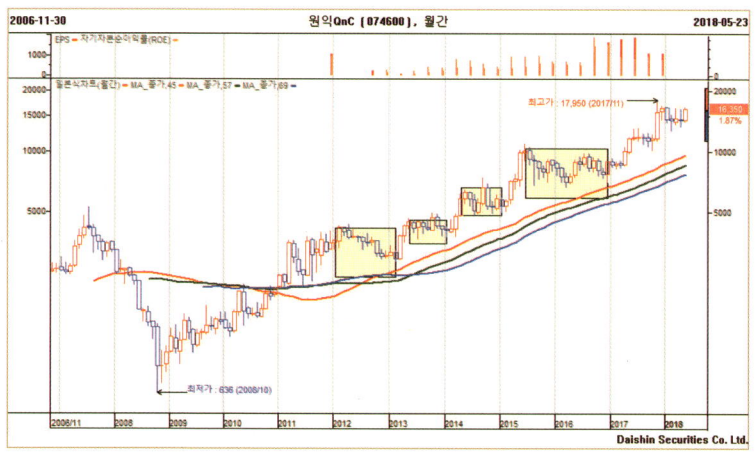

　반도체용 석영유리 부분 글로벌 1위 기업 원익QNC는 2008년 최저가 636원에서 2018년 최고가 17,950원까지, 10년 동안 약 28배 상승했다. 그런데 그동안 계속 오르기만 했을까? 2012년에는 1년을 아예 쉬었다고 봐도 무방하다. 아무리 좋은 종목이라도 단기간에 상승하면 눌러주었다가 다시 오르는 것을 알 수 있다. 이때 전 고점 대비 －50% 이상 빠지기도 한다. 따라서 고점매수, 저점매도를 반복하면 우상향하는 종목으로도 막대한 손실을 입을 수 있다.

유나이티드제약

　유나이티드제약은 개량 신약 전문 제약사다. 2008년 최저가 1,845원에서 2018년 최고가 39,000원으로 10년 동안 21배 상승했다. 원익QNC와 마찬가지로 중장기 이동평균선과 주가가 멀어지니 다시 들어왔다가 올라갔고 조정이 시작되면 1년 이상 유지됐다. 2009년은 한 해 동안 상승속도가 빨랐기 때문에 그 뒤로 3년 동안 조정 기간을 가졌다. 우상향하는 종목임에도 조정이 시작되면 전 고점대비 －50% 이상씩 하락했다. 이런 시세의 리듬감을 익히면 저점매수, 고점매도도 가능하다.

　주식시장에서 살아남아 승전고를 울리기 위해서는 인간의 본성과 반대로 움직여야 한다. 그런데 이게 참 어렵다.

"진짜 인문학이 무엇인지 배워보고 싶나? 그렇다면 주식투자를 시작해보라."

나한테 주식을 가르쳐준 분이 해주신 말이다. 주식투자로 성공하고 계좌에 수익이 나고 있는 사람들은 인문학의 경지까지 오른 사람들이다. 주식투자는 인간의 심리를 이해하지 않고서는 결코 성공할 수 없는 게임이다.

주식시장은 모든 사람에게 다 기회가 열려있다. '이름도 몰라요, 성도 몰라요, 나이도 몰라 —'라는 노래 가사처럼 투자자의 어떤 스펙도 보지 않는다.

그런 생각을 해본 적이 있는가? 왜 모든 사람에게 공평하게 주식시장을 열어 놓았을까? 모든 국민들에게 기회를 주기 위해서? 단어 하나가 빠졌다. 모든 국민들에게 '돈 잃을' 기회를 주기 위해서다. 물론 주식투자라는 게 공부를 하고 경험이 쌓이다 보면 꾸준히 자산을 불릴 수 있는 하나의 수단이 된다. 내가 가진 지분만큼 기업의 성장 과실을 분배받을 수 있는 수단이지만, 대다수가 주식시장의 변동성을 이기지 못하고 돈을 잃은 채 주식시장을 빠져나가는 것도 사실이다. 참으로 잔인한 말이지만 주식시장에 선수들만 계속 바뀔 뿐, 돈을 잃는 비율은 정해져 있다. 앞으로도 그럴 것이다. 왜냐하면 주식시장의 선수들이 인간의 본성이자 초보자의 불안한 심리를 역이용하기 때문이다.

모든 사람에게 기회가 열려있다고 해서 모든 사람이 성공하는 것은 아니다. 결국 심리를 극복한 극소수만 투자에 성공하겠지만 어쨌든 기회의 문이 공평하게 열려있다는 건 매력적인 요소임이 분명하다.

"네가 무슨 생각을 하는지는 중요하지 않다. 큰손이 무슨 생각을 하고 있는지 의도를 파악하는 것이 중요하다."

시장을 올바르게 바라보고 시세에 순응한다는 말은 결국 큰손의 생각에 공감한다는 것이다. 주식투자로 실패하는 이유를 연구해보니 개인투자자들이 자기 생각과 고집이 너무 강하다는 데 있다. 시세라는 것은 관성이 있어서 장기적으로 보면 한 방향으로 오래가는 속성이 있다. 주가가 잘 올라가고 있는데도 "버블이다. 기업의 가치에 비해 고점이다." 이런 소리 하는 사람들도 있다. 흔히 이런 사람들은 투자지표에 너무 의존하는 성향을 가지고 있다.

주식은 절대 배운 대로 흘러가지 않는다는 말처럼 지표의 함정에 속지 말아야 한다. 주식투자는 똑똑한 사람보다 오히려 곰처럼 미련한 사람들이 더 잘한다. 경제학이나 회계학에 너무 의존해도 안 된다. 나는 대학에서 경제와 회계를 전공해 주식투자와 가치투자도 그 학문에 근거해 정답이 있을 거라 생각했다. 이 생각에서 빠져나오는 데만 해도 상당히 오랜 시간이 걸렸다.

주식투자를 하는 데 있어서 경제학자들이 도움은 될 수 있겠지만 이것을 잘 모른다고 해서 주식투자를 못하는 것은 아니다. 사실 내 주변에는 이런 지식이 하나도 없는데도 불구하고 주식투자를 잘하는 사람들이 더 많다.

가치투자자들이 가장 중요하게 생각하는 것이 바로 투자지표와 재무제표다. 그런데 재무제표도 주식분양에 이용된다는 사실을 알고 있는가? 주식시장은 절대로 순수하지 않다. 왜냐하면 큰돈이 오고 가는 시장이기 때문이다. 돈이 몰리는 곳에는 사기가 판을 친다. 재무제표가 좋아지기 전에 이미 주식을 매집한 세력들은 재무제표를 들이밀며 개인투자자들을 유혹한다.

그러나 이미 과거 지표인 재무제표가 주가에 반영이 된 상태라면? 최근에는 가치투자를 하는 인구가 많아지다 보니 주식을 팔려는 세력들이 실적개선, 어닝 서프라이즈 등을 마케팅 자료로 활용한다. 가치투자자들이 좋아할 만한 재료이기 때문이다. 상황이 이렇게 전개되다 보니 매집 세력들은 실적 개선이 이루어지기 전에 미리 주식을 매집하는 추세다. 정보력에서는 개인투자자들이 그들을 절대 따라갈 수가 없다.

최근 투자 트렌드는 가치투자보다도 매집 세력들의 매집 흔적을 찾아서 그들과 같이 기업의 실적 개선이 이루어지기 전에 선제 투자를 하는 것이다. 장기투자는 기본 분석도 중요하지만 거래량과 기술 분석의 중요성이 더욱더 강조되고 있다.

눈에 보이는 것만을 진실로 착각하면 안 된다. 눈에 보이지 않는 돈의 움직임을 볼 수 있어야 한다. 눈에 보이는 것은 모든 대중이 공짜로 보는 뉴스다. 눈에 보이지 않는 것은 주가를 작정하고 띄우려는 의지가 있는 세력들, 흔히 말하는 수급의 흔적이다. 추세는 그들이 그려나가는 그림이다. 그래서 주식시장 큰손의 심리를 읽는 것 또한 중요하다고 할 수 있다.

· 07 ·
호재에 사지 말고
악재에 사라

　주식을 할 때 늘 걱정부터 앞선다. '북한이 갑자기 미사일을 쏘는 건 아닌지, 미국이 금리를 대폭 인상하는 것은 아닌지, 갑자기 경기가 악화하는 것은 아닌지, 예측하지 못한 악재가 나오는 것은 아닌지.' 그러다 결국 주가의 바닥에서 손절을 하게 된다. 그러면 불안과 걱정은 사라진다.
　그런데 호재에 오르고 악재에는 별 반응이 없는 주식도 있다. 그런 주식을 눈여겨봐야 한다. 가장 큰 위기라고 했었던 금융위기 때도 상대적으로 덜 하락한 종목이 있다.

카카오M

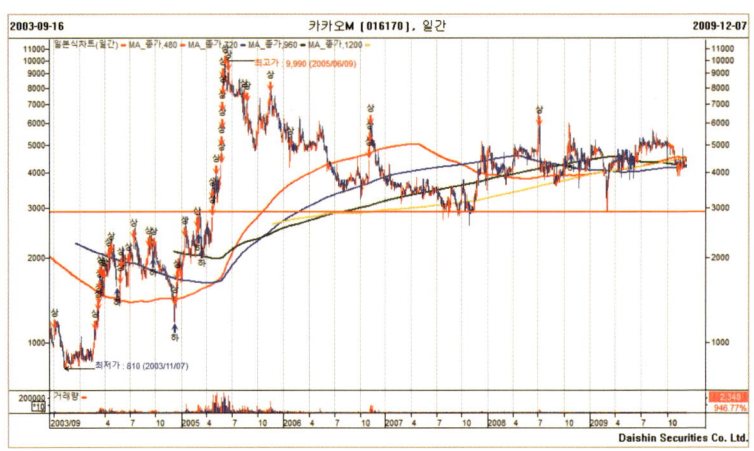

　　카카오M(과거 로엔) 차트만으로는 2008년 금융위기를 알기 어렵다. 1998년 외환위기, 2008년 금융위기처럼 대형 악재가 터지면 기업의 가치와 상관없이 거의 전 종목이 하한가를 맞는 경우가 대부분이다. 하지만 그 속에서도 버티는 종목이 있다면 다시 확인 할 필요가 있다. 경제위기가 끝나고 회복을 시작했을 때 좀 더 순조롭게 올라갈 수 있는 주식이기 때문이다. 이런 종목을 알게 된다면 경제위기는 주식을 싸게 살 수 있는 기회인 동시에 위기 이후 어떤 종목이 상승하게 될지 예측하는 지표가 된다.

　　장기투자 종목을 선정할 때는 기업의 사업성, 성장성, 경쟁력 등을 파악해야 한다. 음원사이트 멜론을 보유한 로엔의 이름은 '서울음반'으로 음반을 파는 기업이었다. 그러나 인터넷과 디지털 문화가 발달하면서 음악을 인터넷으로 다운받아 들을 수 있는 시대가 되었고 그에 발맞춰 사업을 확장했다.

디지털 음반은 한 번 제작하면 추가 비용 없이 반복 판매할 수 있다. 지출이 많은 제조업보다 사업성이 훨씬 뛰어나다. 더구나 지금의 음원 판매는 과거 한국 시장에 머물던 것과 다르게 K-POP이라는 한류의 흐름을 타고 80억 전 세계 인구를 대상으로 한다. 앞으로의 성장성이 더욱 기대되는 이유다. 이러한 기본 분석을 바탕으로 향후 매출액, 영업이익, 순이익 지표를 살펴보면 지금까지도 꾸준히 성장하고 있다는 사실을 파악할 수 있다.

카카오M 재무제표

요약재무정보 주재무제표										
● 1998.12 ~ 2007.12 ● 2008.12 ~ 2017.12										(단위 : 억원)
	2008.12 (GAAP 개별)	2009.12 (GAAP 개별)	2010.12 (GAAP 개별)	2011.12 (IFRS 별도)	2012.12 (IFRS 별도)	2013.12 (IFRS 별도)	2014.12 (IFRS 연결)	2015.12 (IFRS 연결)	2016.12 (IFRS 연결)	2017.12 (IFRS 연결)
매출액	308	1,014	1,390	1,672	1,850	2,526	3,233	3,576	4,506	5,803
영업이익	3	64	164	266	301	373	585	634	799	1,027
순이익	13	45	98	214	238	341	458	503	621	677
연결순이익	0	0	0	0	0	455	500	626		685
자산총계	784	993	1,313	1,571	1,731	2,309	3,039	3,628	4,539	5,431
부채총계	160	373	601	484	450	739	981	1,168	1,515	1,905
자본총계	624	620	712	1,087	1,281	1,570	2,058	2,460	3,024	3,526

※주재무제표기준입니다

카카오M

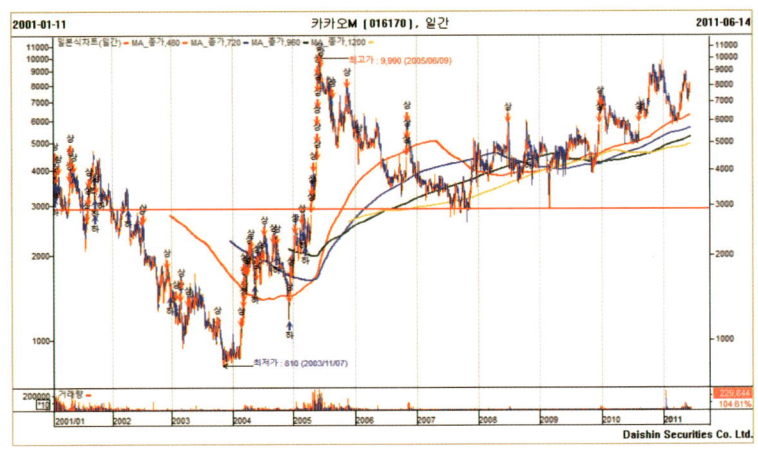

　조용하던 주가에 1차 매집이 들어온다. 2004년부터 2005년까지 주가를 살펴보면 여러 번의 상한가와 일부 하한가가 나오며 주가가 심하게 요동친다. 주가가 급하게 상승한 모습을 볼 수 있다. 개인투자자들이 중간에 쉽게 진입하지 못하도록 주가를 움직이는데, 저런 모습은 투자자들의 매매로는 나올 수 없는 그림이다.

　1차 주식을 확보하면 다시 오랜 기간 조정되지만 우상향 추세는 유지다. 이격이 났던 주가는 다시 중장기적인 이동평균선 안으로 들어온다. 보통 본인들이 매집했던 바닥보다 위에서 또 다른 바닥이 형성된다. 2004년보다 2007년의 바닥이 더 높게 형성되었고 2008년 금융위기 하락 때도 2007년 바닥을 깨지 않았다. 이렇게 주가가 크게 상승한 뒤에 조정을 해도 전 저점을 계속 높여나가는 주식이 있다면 주목해야 한다.

주식투자자들은 이를 두고 "앞으로 큰 성장이 기대되는 종목의 주가 차트를 큰손이 매집하면서 견고하게 만들어나간다."라고 표현한다. 만약 초기 국면에서 잡지 못했다면 추격 매수는 조심해야 한다. 오늘 사서 내일 파는 매매가 아니라면 말이다. 상한가 중간에 따라가서 매수하면 당장 수익이 있을지는 모르지만, 장기적으로 보유할 거라면 결국 내가 매수한 자리를 깨고 내려가는 경우가 많다.

오랜 시간 마이너스에 머물러 있던 주식의 원금이 회복되면 보통은 매도한다. 왜냐하면 원금이 회복되었을 때 팔지 않으면 다시 그 고통을 겪어야 한다는 생각 때문이다. 그런데 반대로 한 번 생각해 보면 어떨까? 왜 누군가가 내 주식을 사 갔을까. 매집은 투자자들의 무작위 매매로는 만들어지기 어렵다고 했다. 특정 세력이 큰돈을 써서 왼쪽 편에 물려있던 투자자들의 주식을 주가를 올려주면서 산 것이다.

2008년, 2009년 비록 2년간 주가가 제자리에 머물러있었다. 하지만 멀리서 바라보면 이동평균선이 정배열을 만들면서 주가가 우상향하고 있다. 상한가가 나왔다고 허겁지겁 따라가기보다는 주가가 다시 이동평균선까지 눌러줄 때 매수하면 좋다. 상한가가 나온다고 흥분하지 않는 것이 중요하다.

3,000원에 매수했던 주식이 9,000원이 되었다. 팔아야 할까? 흔히 매도의 기준을 수익률로 잡는 사람이 많다. 그러나 기업의 사업성, 성장성, 경쟁력에 큰 변화가 없고 기술 분석의 추세가 우상향하고 있다면 팔지 않고 계속 보유해야 한다. 주가가 300% 오를지, 3000% 오를지는 아무도 모른다.

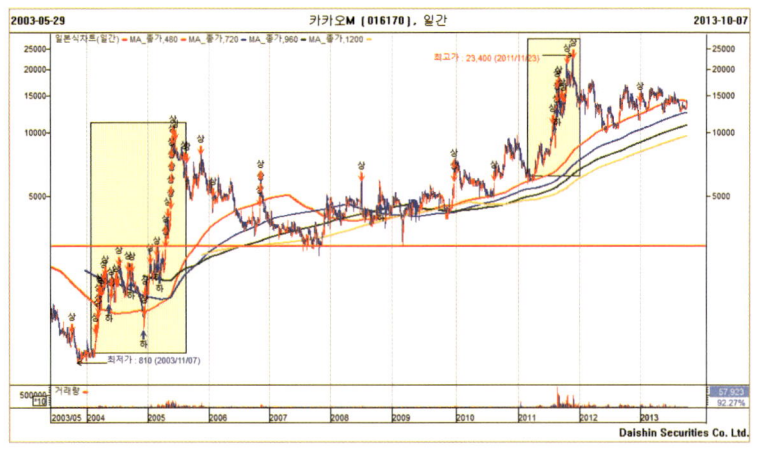

1차 매집이 끝난 이후 주가는 약 5년간 10,000원이라는 전 고점을 돌파하지 못했다. 그러나 추세를 아예 무너트리지 않는 선에서 이동평균선을 정배열로 만든 후 차분히 우상향하며 기업의 실적도 꾸준히 증가하고 있었다.

2005년 이후 상한가가 나왔을 때 잠시 매도했다가 다시 매수하는 전략을 세운 단기투자자는 꽤 높은 수익을 올렸을 것이다. 그때 주식을 계속 보유하고 있던 장기투자자는 바보처럼 보일 수 있다. 그러나 이게 어느 순간 역전이 되는 구간이 온다. 기업이 우량하다면 언젠가는 그 구간을 뚫고 올라가는 경우가 생긴다. 그러면 그동안 주식을 매매한 투자자는 다시 주식을 사기 어려워지지만 계속 보유만 하고 있던 투자자들은 수익이 복리로 누적된다. 이 차이는 나중에 절대 못 따라간다.

2011년을 보면 2005년처럼 또 한 번의 매집이 일어난 모습을 포착할 수 있다. 주가가 과거 전 고점을 돌파하고 또다시 모든 매물을 소화했다.

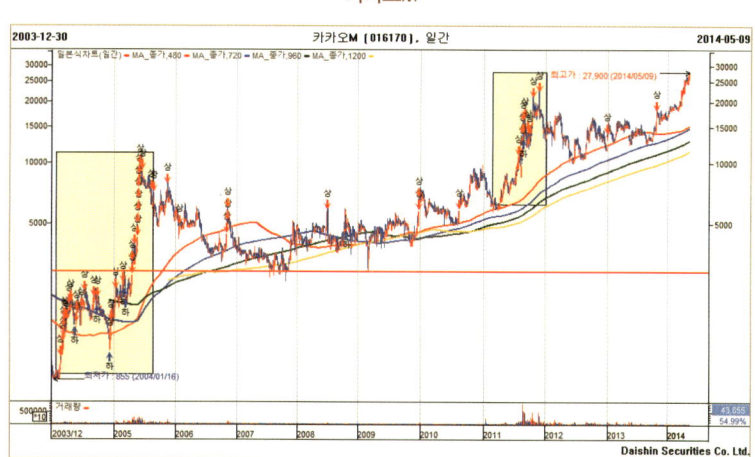

카카오M

매집이 끝난 이후에는 다시 2년간의 조정 구간을 가졌다. 물론 2011년 하반기에 매도했다면 큰 수익을 올리는 동시에 향후 2년간의 조정을 겪지 않아도 됐다. 그리고 이동평균선과 주가가 다시 닿을 때 재매수하면 가장 좋은 결과를 만들었을 것이다. 그러나 저기서 다시 내려와서 망정이지 저 상태로 주가가 더 올라갈지 아니면 이동평균선까지 주가가 다시 내려올지는 아무도 모른다.

2014년 다시 선택의 순간이 왔다. 주식을 팔 것인가? 아니면 그냥 계속 가져갈 것인가?

이번에는 주가가 다시 내려오지 않았다. 2007년 3,000원에

카카오M

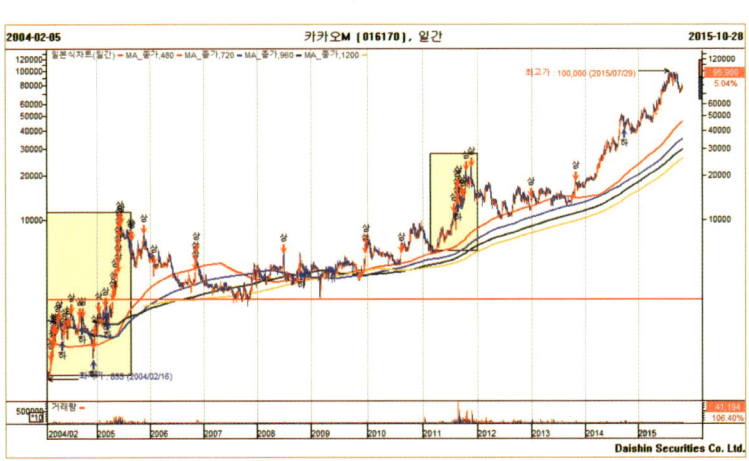

주식을 사서 지금까지 팔지 않고 계속 보유했으면 복리로 30배의 수익이다. 30배라고 주가가 꾸준히 오른 것이 아니라는 점을 기억할 필요가 있다. 매수하고 주가가 3년을 쉬었고, 2차 상승 이후에는 또 2년 가까이 쉬었다. 장기투자를 한다면 이런 상황과 자주 마주하게 될 것이다. 주식은 수익률로 파는 게 아니라는 사실을 꼭 기억하자. 계속 우상향하고 있는 종목은 매도할 필요가 없다. 앞으로 제2의 카카오M은 또 나올 것이다.

Chapter 2

주식투자를 위한 기본 분석

· 01 ·
'잘' 몰라도 된다
재무회계표

"재무제표 모르면 주식투자 하지 마라." 이 말을 들어봤을 것이다. 그러나 내 주변에 주식투자로 돈을 번 사람들은 보면 재무제표를 전문가처럼 알지 못한다. 나도 마찬가지다. 주식이든 부동산이든 실제로 돈을 버는 사람들은 이론가가 아니라 실천가에 가깝다.

부동산 경매를 공부할 때 권리 분석을 접했는데, 실제로 부동산 경매로 돈을 번 사람들은 권리 분석을 굉장히 간단하게 끝내지 세세하게 파고들지 않았다.

주식투자도 마찬가지다. '재무제표를 제대로 한 번 공부해 봐야지.'라고 다짐해봐도, 그 내용이 워낙 방대하기 때문에 다 공부할 수가 없다. 주식투자 사이트에서 재무제표만 50강이 넘는 곳도 봤다. 내가 볼 때는 과잉이다. 주식투자를 할 때 '기업분석만 해야지', '차트만 봐야지' 하는 건 틀린 말이다. 둘 다 아니다. 같이 봐야 한다.

주식투자를 하는 이유는 결국 돈을 벌기 위해서다. 내가 돈을 벌기 위해서는 기업이 꾸준히 돈을 벌고 있는지를 살피는 게 중요하다. 기업이 돈을 잘 벌어야 그곳에 투자한 주주들도 돈을 벌 수 있다. 너무나도 당연한 얘기다. 과거보다 현재가, 현재보다 미래의 실적이 기대되는 기업에 투자해야 한다.

꾸준히 돈을 번다는 것은 매출과 이익이 증가하는 기업이다. 좋은 기업이란 이 기본에서 크게 어긋나지 않는다. 네이버 금융이나 증권사 HTS에 들어가면 기업의 매출액, 영업이익, 당기순이익이 분기별, 연도별로 친절하게 정리되어 있다.

기업은 분기마다 실적을 발표한다. 만약 "전 분기 대비 실적 감소! 어닝 쇼크!"란 기사 제목을 접했다고 가정해보자. 이 주식을 팔아야 할까? 그렇지 않다. 분기실적은 주가처럼 변동한다. 기업 중에는 계절을 타는 기업도 있고, 경기를 타는 기업도 있다. 기업의 특수한 환경에 따라 분기실적은 감소할 수 있다. 그렇다면 초보자는 어떻게 기업이 돈을 잘 버는지 확인할 수 있을까?

연간 기준으로 매출액, 영업이익, 당기순이익이 증가하고 있는지를 먼저 보면 된다. 전년 대비해서 기업이 올해 얼마를 더 벌었는지가 중요하지, 직전 분기는 크게 의미 없다.

일단 이렇게 돈을 꾸준히 잘 버는 기업을 찾았다. 그런데 수익이 안 난다. 왜 그럴까? 투자지표가 좋지 않기 때문이다. 종목 발굴의 순서는 기술 분석(차트)이 먼저고 그다음이 기본 분석이다. 두 번 일하지 않기 위해서다. 만약 기본 분석을 먼저 하게 된다면 전 종목의 기업을 분석해야 한다. 그중에서 골라도 차트(시세)가 준비되어 있지 않으면 투자하기가 어렵다. 그러나 전 종목 차트를 보면서 매수할 자리에 있는 기업이라면 역으로 기업 분석을 한 다음 투자해야 시간이 절약된다.

'주식투자를 시작하기 전에 알아야 할 지표들'이라는 타이틀로 굉장히 많은 투자지표가 있다. 하지만 나는 기본 분석은 기본까지만 하자는 주의여서 꼭 알아야 할 지표들만 익혀서 투자하기를 권한다. 본인이 직접 계산할 필요도 없다. 지표가 이미 다 계산이 되어있기 때문이다. 메리츠자산운용의 존 리 대표는 "전문 펀드매니저라고 복잡한 투자지표를 사용하지 않는다. EPS(주당순이익), PER(주가수익비율), PBR(주가순자산비율), ROE(자기자본이익률), EV/EBITDA(에비타배수) 이 지표들만 분석해도 충분하다. 전문가들도 그 이상의 특별한 분석 도구를 가지고 있지 않다."라고 말한 바

있다.

PER은 주가에 비례하고, 이익에 반비례한다는 말을 들어보았는가? 주가가 오르고, 이익이 내리면 PER은 오른다. 반대로 주가가 내리고, 이익이 오르면 PER은 내려간다. 투자자에게는 기업의 이익은 증가하는데 주가가 내려야 좋은 것 아닌가? 그래서 흔히 '저PER주'를 선호하는 것이 가치투자의 정석이다. 저PER주란 주가가 많이 내렸거나 주가에 비해 돈을 더 잘 벌고 있는 기업이란 의미다.

반대로 '고PER주'란 무엇일까? 이미 주가가 많이 올랐거나, 돈을 못 벌고 있는 기업이다. 여기에 함정이 있다. 흔히 PER의 개념을 쉽게 설명하기 위해서, "PER은 내가 투자한 원금을 어느 정도의 기간에 돌려받을 수 있는가에 대한 개념이다."라고 설명하기도 한다. PER=10이면 10년 뒤에 나의 원금이 2배(100% 수익)가 된다는 뜻이다. 그러나 이것을 정확하게 신뢰하고 투자하는 사람은 없다.

투자자들은 통상 PER의 기준을 10~15 사이로 본다. 돈을 잘 버는 기업은 매년 10~15% 성장할 것으로 판단하고 계산하기 때문이다. 물론 복리로 계산하면 1년에 8% 정도다. 10년 동안 100% 성장했으면 매우 이상적인 기업이라고 보는 것이다. 이 기준을 가지고 PER이 10 이하면 저PER주라고 부르고, 15 이상이면 고PER주라고 부른다.

가치투자를 하는 사람들은 고PER주를 나쁘게 해석하고, 저PER주는 좋다는 고정관념을 가지고 있다. 대부분 책에서도 그렇게 설명하고 있다. 과연 그럴까? 아모레G 같은 경우 시세가 30배 이상 상승하는 동안 PER이 25 밑으로 내려온 적이 없었다. 그렇다면 주가가 오르는 동안 계속 고PER 종목이니 사지 않아야 정상 아닌가. 이론적으로 PER이 20 이상이면 위험한 종목이다. 그러나 주식시장이 이론을 따라가지 않는다는 게 문제다.

PER이 높아지는 이유를 보면 주가가 오르거나 이익이 감소한 경우다. 만약 이익이 줄어들지 않았는데, 주가가 올라서 PER이 높아지는 거라면? 주도주는 2배 올랐을 때가 바닥이라는 말이 있다. 주도주는 시세가 한 번 출발 할 때 2배가 끝이 아니라 앞으로 더 올라갈 종목으로 보기 때문이다. 주가가 계속 올라갈 때를 보면 PER도 같이 올라간다. 이미 너무 올랐다는 말을 하며 날아가는 종목을 놓치는 이유도, 모든 투자지표가 고평가라고 말해주고 있기 때문이다.

주식을 무조건 합리적으로 이해하려고 하면 안 된다. 주식은 설명하기 어려운 시장이다. 사업도 마찬가지 아닐까? 아무리 봐도 망할 것 같은 아이템이 성공하고, 누가 봐도 성공할 것 같은 아이템이 실패하지 않는가?

작년에 신라젠은 왜 올랐을까? 실적이 좋아서? 아니면 투자지표가 좋아서? 모든 것으로도 설명할 수 없다. 그럼에도 불구하고 주가는 10배 이상 올랐다. 2배 올랐을 때도, 3배 올랐을 때도, 4배 올랐을 때도 모두 입을 모아 버블이라고 말했다. 주가가 상승하는 이유를 개인투자자가 알기는 어렵다. 지금 당장은 아니더라도 향후 실적이 좋아질 것을 계산하고 세력이 미리 매집을 했을 수 있고, '암 정복'이라는 테마와 함께 미래에 대한 기대감으로만 올랐을 수도 있다.

결국 주가가 오른다는 것은 매수세(수급)가 들어왔다는 것이다. 매수 세력은 급등한 주가가 향후 실적을 기준으로 해서 적당하다고 판단될 때까지 끌어 올린다. 미래 실적을 미리 한 번에 당겨서 쓰는 것이다. 이럴 경우 기업의 향후 실적이 개선되고, 매출이 증가한다고 해도 이미 주가가 미리 반영되어서 올랐기 때문에 그 뒤로는 주가가 힘을 못 쓰는 경우가 많다. SK텔레콤 같은 경우가 이에 해당한다.

고PER 종목의 주가가 계속 올라가는 이유는 아직 주가에 미래 실적이 다 반영되지 않았기 때문이다. 향후 실적이 증가하면 PER이 계속 낮아진다. 가치투자자들이 원하는 저PER로 수렴할 때 주식을 사면 늦는 경우도 있다. 성장주는 주로 저PER로 수렴하지 않고 계속 고PER로 유지되는 경우가 많고 이를 커버하려면 주가가 계속 오를 수밖에 없다. 셀트리온과 같은 성장주도 저PER로 수렴된 적이 없었다. 실적이 매년 점점 증가하여 PER이 낮아지려고 할 때마다 주가는 올랐다. 주가가 올라가리라는 것을 실적발표 전에 알고 있는 사람들은 사실 대주주나 내부자뿐이다.

그렇다면 개인투자자는 어떻게 해야 할까? 기술 분석이란 도구를 사용해야 한다. 기본 분석은 정보의 순서에 시차가 존재하지만 차트는 내부자든 외부자든 시간차에 상관없이 볼 수 있는 도구다. 여기서 말하는 차트 분석은 중장기투자를 위한 차트기법이지 단기투자를 위한 차트기법은 아니다. 또한 차트기법이 어느 정도 맞으려면 '기업이 꾸준히 돈을 잘 벌고 있다.'라는 기본 전제 조건이 반드시 있어야 한다.

'그렇다면 저PER주라고 꼭 사야 하는가?'라는 의문이 생길 수 있다. PER이 낮아지는 이유는 주가가 떨어지거나 기업의 이익이 증가하지 않을 때다. 만약 기업의 이익이 증가하지 않으면서 주가가 떨어지고 있다면? 주가가 어디가 바닥인지, 저점인지 모르는 상태에서 단순히 PER이 낮고 싸다는 이유만으로 매수하는 것은 다시 생각해 봐야 한다. 흔히 저PER주에는 향후 성장성이 기대되지 않는 '사양 산업' 업종 군이 많다.

저PER주, 고PER주를 기준으로 주식을 사지 말자. 가치투자자라면 한 번쯤은 저PER주라고 해서 샀는데, 왜 이렇게 주가는 안 오르냐며 조급해진 적이 있었을 것이다. 저PER주라도 사야 하는 주식이 있고, 사지 말아야 할 주식이 있다. 고PER주도 마찬가지다. 투자자라면 PER의 역할 정도만 이해하고 넘어가도록 하자. 그리고 마지막으로 매출과 이익이 증가하는 기업은 어떠한 이유가 되었든 주가가 올라갈 수밖에 없다는 사실을 기억하자.

· 02 ·
기본 중에 기본
투자지표

　　PBR(Price Book-value Ratio, 주가순자산비율)이란 '기업의 순자산에 비해 주식이 몇 배로 거래되고 있는가'를 측정한 값으로 주가를 주당순자산으로 나눈 것이다. 시가총액이 1조 원인 기업의 순자산이 2조 원이라면 PBR은 0.5가 된다. 기업의 순자산이란 회사가 사업을 정리하고 주주들에게 분배할 수 있는 자산의 장부상 가치를 말한다. 흔히 회사가 망했을 때 주주가 손해를 보느냐, 안 보느냐를 따지는 것으로 청산가치라고도 한다.

　　PER이 10~15가 기준이라면 PBR은 1을 기준으로 한다. PBR은 주가에 비례, 자산에 반비례한다. 자산이 많을수록 PBR 지표는 낮아진다. PBR=1이라면 주가와 주당순자산이 같다는 뜻이다. 1보다 낮으면 '주가가 기업 자산 가치에 비해 저평가되었다'고 말하고, 1보다 높으면 '주가가 기업 자산 가치보다 고평가되었다'고 말한다. PBR이 1 이하면 회사가 망하더라도 돈을 떼일 염려가 적어진다. PER과 마찬가지로 PBR도 무조건 낮다고 좋거나 높다고 나쁜 것은 아니다. 성장성이 떨어지면 PBR이 낮게 유지되기도 한다.

PBR이 높게 형성되어 있는 종목들이 더 잘 오르는 경우가 많다. 왜 그럴까? ROE 지표를 생각하면 된다.

ROE(Return On Equity, 자기자본이익률)란 '기업이 자기자본 대비 얼마의 돈을 벌었는가'를 나타내며 순이익을 자기자본으로 나눈 값이다. 1억 원의 자본금으로 가게를 차렸는데 1년에 3,000만 원의 이익을 냈다면 ROE가 30이다. ROE가 높아지면 PBR이 낮아질 수밖에 없다. 왜냐하면 내 자산이 ROE 증가로 늘어나기 때문이다.

ROE가 꾸준한 기업이라면 PBR이 다소 높아도 상관없다. PBR이 높으면 무조건 나쁘다고 생각할 것이 아니라, 그 기업의 ROE가 꾸준한지부터 살펴야 한다. PBR=0.5인 매력적인 기업이 있다 하더라도 만약 그 기업이 돈을 잘 못 벌고 있다거나, 혹 그렇다 하더라도 앞으로 회복이 될 여력이 있는지, 적자 폭이 줄어들 수 있는지 등을 판단하는 게 중요하다. 저PER, 저PBR이라고 해서 무조건 저평가가 아니라는 사실을 이해해야 한다. 초보자가 빠지기 쉬운 함정이다.

개인적으로 가장 중점적으로 보는 지표는 EPS(Earning Per Share, 주당순이익) 지표다. '기업이 1년 동안 벌어들인 돈이 1주당 얼마인가'를 의미하는 지표로 당기순이익을 발행 주식수로 나눈 값이다. 나는 이 지표를 5년 평균을 내고 차트로 정리해둔다.

이 그래프가 우상향하고 있는 기업이 좋은 기업이라고 말할 수 있다. 기업의 1년 순이익이 1,000만 원이고, 주식 수가 100,000주라면 EPS는 100이 된다. EPS가 꾸준히 늘어나는 기업이라면 일회성으로 장사를 잘한 것이 아니라 꾸준히 장사를 잘한 기업이라고 볼 수 있다.

개인투자자라면 이 정도의 지표만 활용해도 충분하다. 요새는 직접 계산할 필요도 없이 컴퓨터가 자동으로 알아서 계산하고 보여주기 때문에 편리하다. 투자하기 좋은 환경이지만, 그렇다고 투자지표만 맹신해서는 안 된다. 투자지표만 보고 고평가나 저평가를 나눠 말할 수는 없다. 기업의 성장성이 꾸준한지를 봐야 하고 차트를 보면서 현재의 주가 상태를 파악한 뒤 진입 시점을 찾아야 한다. 아무리 좋은 기업이라도 비싸게 사버리면 그만큼 투자가치가 떨어진다.

　간혹 차트설정을 어려워하는 사람이 있는데 그렇게 어렵지 않다. 나처럼 중장기투자를 하는 사람은 지지선과 저항선을 바탕으로 큰 추세를 보기 위해서 차트를 본다. 주가가 하락에도 일정 구간에서 더 빠지지 않고 반등하는 부분을 이어 지지선이라고 하고, 주가가 상승하며 올라가긴 하는데 역시 일정한 구간만 가면 더 이상 못 올라가는 구간을 저항선이라고 부른다.

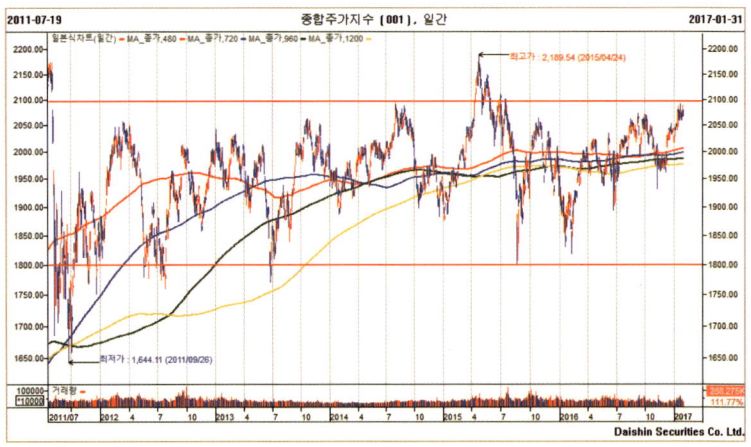

　종합주가지수로 보면 2011년부터 2016년까지는 1800선이 지지선이 되어주고 2100선 정도가 저항선이다.

주가는 매일매일 등락을 반복한다. 등락을 반복하는 가운데서도 중장기로 보면 일정한 방향성이 존재하며 이를 추세라고 부른다. 이 추세를 도식화한 차트를 보며 중장기적 매매시점을 잡는다.

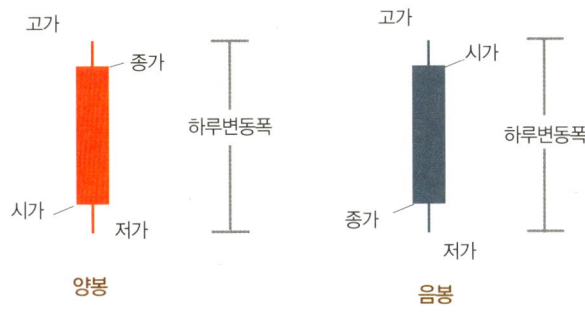

우리가 주로 사용하는 차트는 일본식 차트다. 일봉을 기준으로 장 시작 가격이 시가가 되고, 장 마감 가격이 종가다. 시가보다 종가가 높게 끝나면 빨간색 양봉이 되고, 시가보다 종가가 낮게 끝나면 파란색 음봉이 된다. 위아래로 달린 꼬리를 보면 하루에 주가가 얼마나 오르고 내렸는지를 알 수 있다.

주봉이나 월봉, 연봉도 같은 식이다. 초보자일수록 일봉보다는 연봉으로 주가를 길게 보는 훈련을 하는 것이 흔들리는 마음을 잡는 데 도움이 된다.

이동평균선이란 N일 동안 종가의 평균을 나타내는 값이다.

이동평균선 값에 집착하는 투자자들이 많은데 그들의 이론이 정확한 건 아니다. 이동평균선은 마법의 공식이 아니라 지지와 저항, 그리고 추세를 통한 방향성을 파악하는 참고자료로만 활용해야 한다.

나는 주로 2년, 3년, 4년, 5년 정도의 평균선을 본다. 이동평균선 값은 증권사마다 HTS에서 기본으로 설정이 되어 있는데 투자자의 성향에 따라 바꿀 수 있다.

1년에 주말을 제외하고 장이 열리는 기간을 따지면 대략 240일 정도 된다. 따라서 일봉으로 1년 평균선을 보려면 240일선을 기준으로 보면 된다.

그럼 일봉으로 2년, 3년, 4년, 5년 평균선을 설정하려면 어떻게 하면 될까? 240일선 기준으로 연도에 맞춰 곱해주면 된다. 그러면 480일선, 720일선, 960일선, 1200일선이 나온다. 월봉은 12월선이 1년이 된다. 여기서 1년 동안 주말을 제외한 대략 3달 정도 빼주면 된다. 개인적으로 월봉은 더 길게 보는 편인데 4년, 5년, 6년 평균선으로 보는 편이다. 그럴 땐 45월선, 57월선, 69월선으로 설정해서 보면 된다.

· 03 ·

활용 차트
LOG차트와 수정주가

"장기투자를 하면 무조건 돈을 벌 수 있을까?"

그렇지 않다. 앞서 설명한 것처럼 '경기 사이클'의 주기를 잘못 타면 오히려 손실을 볼 수 있다.

STX를 2000년대에 장기투자 했으면 큰 수익을 얻을 수 있었겠지만, 반대로 2010년부터 장기투자를 했다면 오히려 손실만 더 커졌을 뿐이다. 장기투자란 결국 어떤 종목을 사느냐, 어느 시점부터 언제까지냐에 따라서 성과가 달라진다.

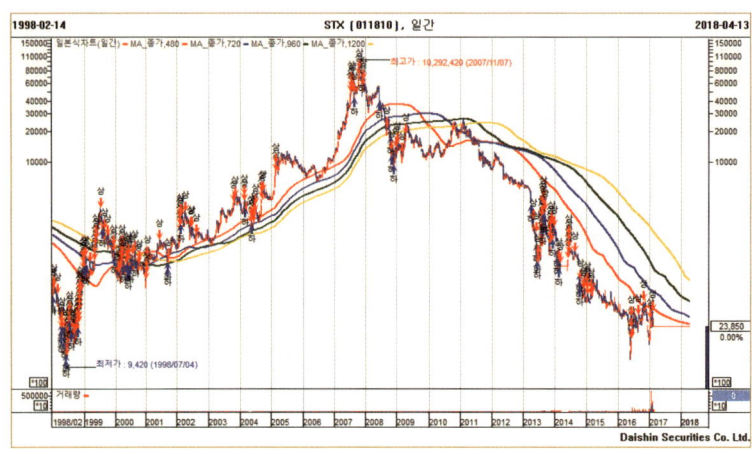

발바닥에서 시작해서 머리끝까지 갈 동안에 적어도 몸통 구간에서는 보유 하고 있어야 한다. 2007년 머리 부근에 오자 시세가 갑자기 가팔라진다.

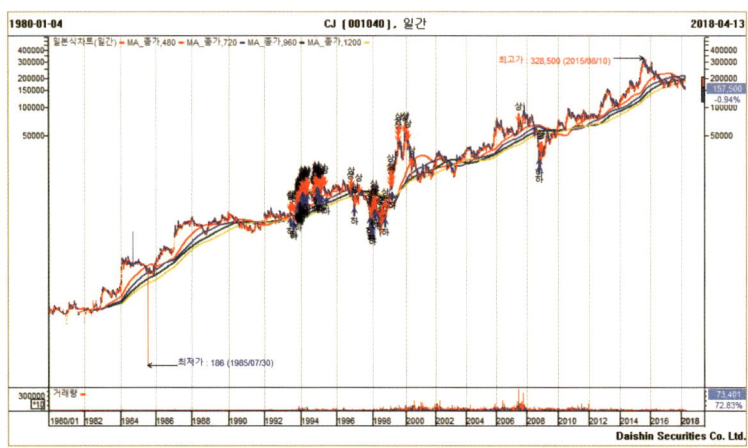

반면 CJ처럼 추세가 살아있어서 굳이 팔지 않아도 장기보유가 가능한 종목도 있다. 물론 월봉이 아닌 일봉으로 보면 단기 고점과 저점이 보인다. 그러나 장기보유해도 되는 월봉추세를 가지고 있다. 이 월봉추세를 과거처럼 유지하려면 기업이 과거처럼 꾸준한 성장과 실적이라는 전제가 있어야 한다.

CJ그룹은 삼성그룹에 비교했을 때 상대적으로 안정적인 비즈니스를 추구한다. 삼성의 대표 사업인 전자, 바이오 사업은 성공하면 큰 수익으로 돌아오지만 전 세계적으로 경쟁이 치열한 업종이다. 반대로 CJ의 대표 사업인 음식료, 엔터, 미디어, 홈쇼핑, 영화관 사업은 안정적인 산업군에 속해있으며 진입 장벽이 높아서 다른 기업이 신규 진출하기 어렵다. CJ는 이 업종에서 1위의 시장 점유율을 자랑한다. 포트폴리오에 이렇게 성장하는 기업들을 담고 나아간다면 좀 더 안정적으로 구축될 수 있다.

차트는 LOG차트와 수정차트로 봐야 한다. STX를 LOG차트로 보지 않으면 이렇게 보인다.

STX

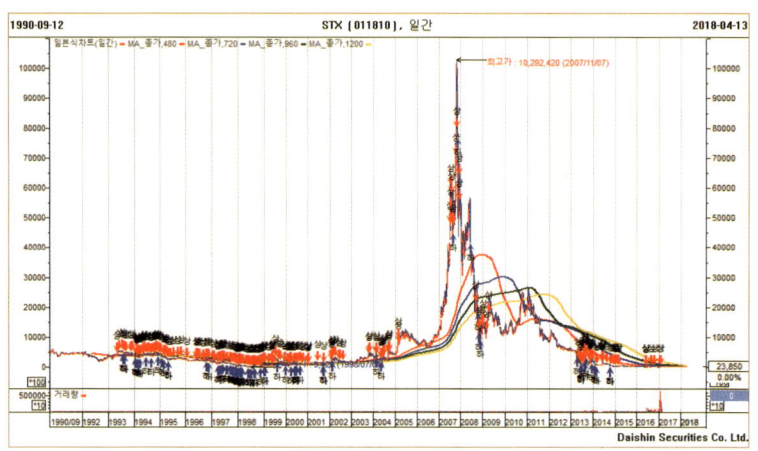

CJ

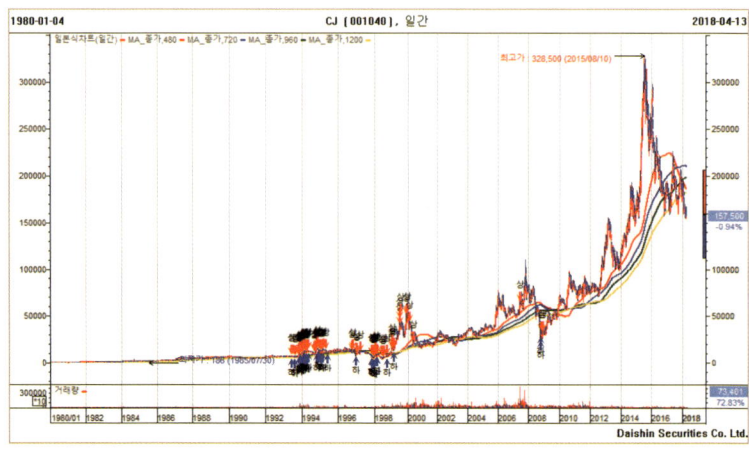

　　CJ 차트도 LOG차트를 빼고 보면 다음과 같은 왜곡 현상이 생긴다. 같은 종목의 차트임에도 불구하고 LOG차트를 설정하느냐,

안 하느냐에 따라서 완전히 다른 차트처럼 보인다. 왜 이런 현상이 발생할까?

LOG란 비율을 의미한다. 1,000원의 주식이 10% 상승하면 1,100원이 된 만큼 일봉이 커진다. 주가가 장기적으로 꾸준히 올라 10,000원이 되면 일봉 하나의 크기도 10배 커져야 한다. 10,000원에서 10% 상승하면 더 커지기 마련이다. 그러면 1,000원일 때 10% 오른 크기와 10,000원일 때 10% 오른 크기는 똑같이 오른 것임에도 불구하고 후자의 일봉이 훨씬 더 커져 보이는 문제가 생긴다. 주가가 오르면 오를수록 더더욱 커지게 된다. 이렇게 되면 캔들을 그리기가 쉽지 않을뿐더러 차트 분석도 어려워진다. 그래서 상승 비율에 대해서는 같은 크기로 캔들을 그리자고 투자자들끼리 약속을 한 것이 LOG차트다.

그렇다면 수정주가란 무엇일까? 보통 기업의 액면가는 한 주당 5,000원이다. 그런데 만약 500원으로 액면분할을 한다면, 가격이 1/10 줄어들어 주가는 기준 차트에서 훨씬 밑으로 내려와 표시된다. 물론 시가총액은 변하지 않는다. 이때 떨어진 차이 없이 이어서 볼 수 있도록 하는 것이 수정주가다.

하림그룹의 지주회사 제일홀딩스를 보면 20,000원에 상장했고 액면가는 100원이다. 그렇다면 평균적인 코스피 우량주 액면가인 5,000원을 적용해서 주가를 산정하면 얼마가 될까? 곱하기 50을 하면 100만 원이 된다. 즉 눈에 보이는 가격은 2만 원이지만 실제로는 100만 원이 넘는 주식이다.

어떤 주가가 10만 원이라고 가정할 때 단순히 절대가격만을 보고 제일홀딩스 주식이 더 싸다고 생각하면 안 된다. 따라서 절대가격이 비싸다, 안 비싸다 하는 것은 의미가 없다. 시가총액과 액면가를 기준으로 비교하는 게 맞다.

수정 전

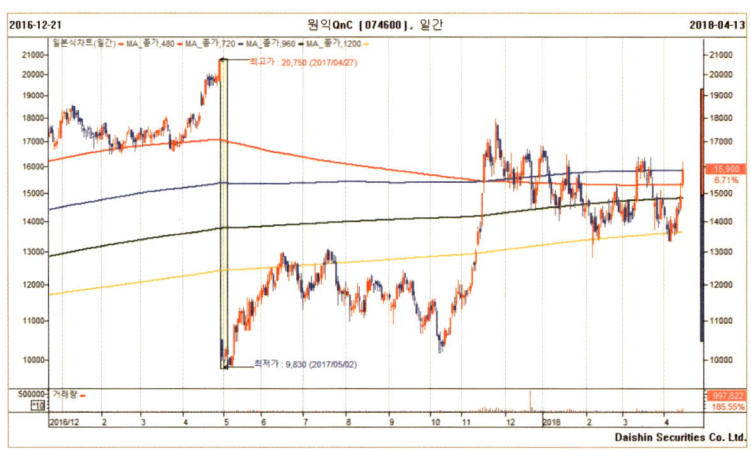

수정 후

　원익QnC를 통해서 수정주가의 차이를 보면 이렇다. 수정주가를 사용하지 않으면 마치 주가가 급락한 것처럼 보이는데 결코 '진짜'가 아니다.

· 04 ·
관계로 읽어라
순이익 성장률과 PER

기업의 시가총액은 결국 주주들이 만든다. 시가총액은 매매자의 수요와 공급으로 이루어진다. PER은 매매자들이 서로 접점을 이루어 만든 투자지표로써 앞으로 기업에 기대되는 순이익 성장률로 해석할 수 있다. 앞서 언급했듯 적정 PER을 10~15 사이라고 한다. 만약 한샘처럼 기업의 연평균 성장률이 30%라면 이는 적정 PER인가, 아니면 저PER인가? 반대로 연평균 성장률이 5%인 기업의 PER가 5라면 저PER인가?

PER의 사전적 의미가 시가총액을 당기순이익으로 나눈 값이지만, 최근 투자 트렌드를 반영하여 해석을 해보자면 PER란 '앞으로 기대되는 순이익 성장률'이다. 4차 산업혁명과 맞물려 최근 주식시장에는 고PER주식(PER 15 이상)이 많다. 그런데 기존의 고전적인 투자이론에 맞춰 고PER이라는 이유로 투자하지 않는다면 잘못된 생각이다.

주가가 싸다는 것은 무슨 의미일까? 순이익 성장률보다 미래에 이 정도 성장하리라 예측한 PER보다 낮은 경우를 두고 "주가가 싸고, 저평가 되었다."라고 말한다.

우리가 흔히 표현하는 아름답다, 맛있다 등의 말은 비교 대상이 있어야만 가능한 말이다. 마찬가지로 주가가 싸다는 말도 상대적인 개념이다. 단순히 하나의 투자지표만으로 판단할 수 없다. 따라서 단순히 PER만 보고 이 기업의 주가를 평가하는 지표의 오류를 범해서는 안 된다. 그 비교 대상은 바로 기업의 연평균 성장률이 될 수 있다.

PER이 30인 기업이 있다고 치자. 만약 이 기업의 순이익 성장률이 30% 이상 기대된다면 저PER주라고 말할 수 있지만 단순히 PER만 보고 싸다고 하는 것은 바람직하지 않다.

한샘을 보면 현재 순이익 성장률은 31%이고, PER은 30이다. 그렇다면 현재 주가는 적정선이라고 판단할 수 있다. 불과 2013년에도 PER은 15 이하였다. 한샘은 이 기간 동안 주식시장 주도주로 부상하며 주가가 20배 넘게 상승했다. 지금은 고점을 찍고 하락하여 순이익 성장률과 비교해 볼 때 적정 수준에 머물러 있다.

한샘

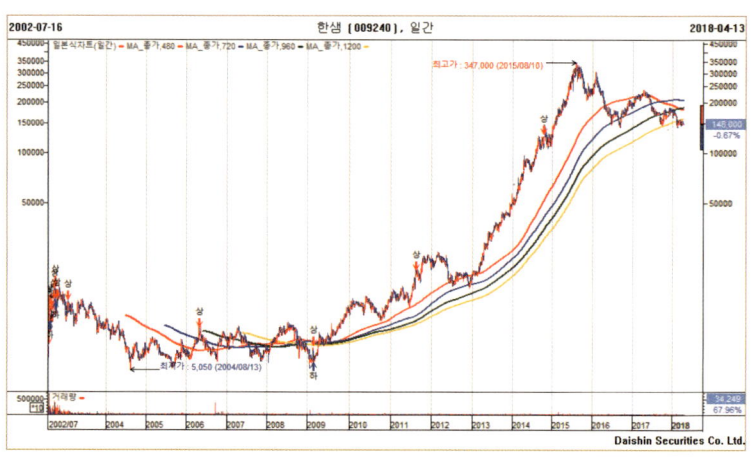

　　P 씨가 2003년부터 2013년까지 한샘 주식에 매달 150만 원씩 적립식으로 투자를 했다고 가정하면, 투자원금은 1억 8천만 원이다. 주식계좌를 유지했다는 가정하에 2015년 수익을 계산하면 무려 50억 원이 넘는다.

　　같은 기간에 SK텔레콤에 투자했다면 어떻게 되었을까? 배당은 받았을지 몰라도 주가는 그대로다. 왜 그럴까? 한샘보다 SK텔레콤이 부족해서일까? 아니다. SK텔레콤은 이미 90년대에 대시세가 나왔기 때문이다. 물론 한샘도 좋은 기업이지만 앞으로의 주가는 SK텔레콤과 같은 길을 걸을 수 있다. 제2의 한샘, 제2의 SK텔레콤이 될 수 있는 종목들을 찾는 것이 중요하다.

'순이익 성장률과 PER의 거리가 큰 기업은 어디일까?' 물론 많지는 않다. 성장률이 높고 인기 있는 종목들의 주가는 내려가기 어렵다. 그런 종목은 적정 주가에 사기도 어렵다. 오로지 시장에서 소외되었을 때만 가능하다. 소외되었다는 것은 특정 업종에 수급(주도 업종)이 몰리면서 기업이 잘 벌고 있는데도 불구하고 수급이 몰리지 않는 것을 의미한다. 아니면 기업이 돈을 잘 벌고 있는 것을 아무도 모를 때나 가능하다.

특히 시가총액이 크고 유명한 기업들은 많은 사람이 시시각각 예의주시하고 있기 때문에 주가가 저평가받기 어렵다. 이런 경우가 아니라면 사람들의 오해, 루머, 특정 이슈와 결합해 대외적인 요인으로 실적이 떨어지는 경우도 많다. 역시 굉장히 드문 경우라 발굴하기 어렵다.

작년 코스닥 시가총액 1위 기업 셀트리온은 제약 분야의 1등 소비재기업이다. 누군가에게 휘둘리지 않고 꾸준히 돈을 버는 구조로 매년 45% 성장하고 있다. 대단한 성장률이다. 그렇다면 PER이 45 밑으로 내려왔을 때는 무조건 사야 한다는 의미다.

단순히 PER만 보고 45가 높다고 말할 수 없다. 여기에 차트 분석도 더해서 눌림목과 이동평균선이 마주하는 걸 활용하면 보다 좋은 매수 타이밍을 잡을 수 있을 것이다. 주가가 이동평균선과 너무 멀어져 있다면 기다리는 것도 하나의 방법이다.

꾸준히 돈을 잘 벌고 있는 기업을 반값(PER/성장률=0.5)에 사는 것이 중요하다. PER의 의미와 반값은 상징적인 것이고, 이러한 종목(성장주)은 주가가 크게 오르기 전에 반드시 포트폴리오에 편입해두도록 노력해보자.

· 05 ·
기업의 건강 상태
재무상태표

"주식은 통계학으로 되는 게 아니다. 주가와 사업 환경의 상호관계를 아무리 토론한다 하더라도, 거래소의 투기자본이 충동할 때 정상적인 과정에서는 도저히 상상할 수 없는 어떤 역할을 수행한다는 것을 강조하지 않고는 토론이 끝나지 않는다.

월가에 중용은 없다. 가치와 가격 사이의 중용, 투기 시스템은 상상을 초월하기 때문에 환상이라는 높은 곳과 절망이라는 낮은 곳이 충돌한다."

— 『투자 전쟁』, 바턴 믹서

주식투자를 하다 보면, 전문가가 실적이 좋다고 추천해서 샀는데 장기간 물려있는 경험이 한 번쯤은 있을 것이다. 주식은 왜

실적에 비례해서 올라가지 않는 걸까? 실적 좋은 우량주라고 해서 사놓기만 하면 마냥 오를까? 누가 봐도 우량하다고 인정하는 종목이라 해도 마음이 편안한 자리에서 사면 수익이 잘 나지 않는다. 주식은 바닥에서 사서 약간은 물려있어야 나중에 큰 수익으로 돌아온다.

언론에 나오는 실적 개선은 이미 주가에 반영된 경우가 많다. 주식은 실적이 나쁠 때 큰손이 매집해 실적이 좋을 때 분양하는 사업이다. 우량주라고 잔뜩 담아놓고 올라갈 때까지 기다리는 장기투자는 아예 지양하는 편이 좋다.

주식은 큰 그림을 봐야 한다. 기본 분석이든 기술 분석이든 무조건적인 맹신은 곤란하다. 야구가 아무리 통계와 과학의 데이터 싸움이라고 해도 결국 인간이 하는 스포츠다. 한 타자가 과거에 어떤 투수에게 강했다고 해서 다음 게임에서도 강할 것이란 보장은 없다. 과거에 약했더라도 직감적으로 이번 대결에서는 어떤 선수가 강할 것 같다는 감독의 직감이 맞을 때도 많다. 야구계에서 데이터의 신이라 불리는 김성근 감독은 주식으로 치면 기본 분석을 철저히 지키는 감독으로 유명하다. 그러나 그도 늘 좋은 성적을 내는 것은 아니다. 데이터는 2차원의 싸움이다. 현실에서는 데이터 말고도 다른 외부요인이 복합적으로 작용한다.

주식투자자가 처음 배우게 되는 것이 바로 각종 투자지표와 이론인 2차원 데이터다. 데이터는 누구나 조금만 노력하면 이해할 수 있다. 그러나 주식투자는 단순히 2차원으로 분석이 안 된다. 자꾸 눈에 보이는 2차원의 세계로만 주식을 보려고 하니 주식투자가 잘 안 되는 것이다.

3차원이란 투자자의 심리를 연구하는 것으로 차트 안에 숨겨진 인간의 감정을 읽는 것이다. 4차원이란 이런 모든 것을 종합적으로 사고해서 통찰과 직관력으로 투자 결정을 내리는 것이다. 이 4차원의 세계를 보려면 아주 오랜 시간 주식시장을 연구하고 관찰해야 한다.

기본 분석은 크게 보면 재무상태표, 손익계산서, 현금흐름표 세 가지로 나눌 수 있다.

1. 재무상태표

재무상태표는 기업의 자본 조달 능력과 활용 능력을 파악하는 지표다. 흔히 자산가치라고 한다. 자산은 자본과 부채로 구성돼 있고 '가지고 있는 전부'라고 생각하면 된다. 개인은 빚이 무조건 나쁘다고 생각하는데, 그렇지 않다. 기업은 부족한 자금을 빌려 더 많은 이익을 창출하기 위한 도구로 활용한다. 이런 빚은 좋은 빚이 될 수 있다.

자본은 유동자산과 비유동자산으로 나눈다.

유동자산	1년 이내 현금화가 가능한 자산 - 당좌자산, 재고자산
비(非)유동자산	1년 이후 현금화가 가능한 자산 - 투자자산, 유형자산(토지/건물/기계), 무형자산(영업권/특허권), 투자부동산, 기타 비유동자산 등

당좌자산은 쉽게 말해 현금이다. 여기에는 매출채권이란 게 있다. 기업이 사업을 하면서 거래처에 바로 판매대금을 받는 경우는 거의 없다. 98%가 외상 거래다. 매출채권은 판매 후 아직 받지 못한 금액이다. 매출채권이 3개월 이내 회전되는 기업을 좋은 기업이라고 말할 수 있다.

재고자산은 판매되지 않고 남은 창고 자산이다. 빨리 팔아서 소진하는 것이 좋고 흔히 2개월 안에 재고자산이 회전돼야 좋은 기업이라고 말한다.

매출채권과 재고자산은 회전 일수가 빠르면 빠를수록 제품이 잘 팔리고 현금이 잘 회수되는 우량한 기업이다. 회전 일수도 일시적으로 나빠질 수 있으므로 장기적인 추세가 중요하다. 또한 같은 업종 내에 있는 다른 기업과 비교해야 신뢰도가 더 높아진다.

비유동자산 중 투자자산은 1년 이상 장기투자한 자산으로 자회사 및 개인투자자처럼 유가증권에 투자한 자산을 말한다. 삼성생명은 이 투자자산(투자 부동산 포함)이 많은 기업 중 하나다. 대한민국에 좋은 기업에 거의 다 투자하고 있다고 보면 된다.

참고로 워런 버핏은 유형자산이 많은 기업을 기피했다. 기업이 돈을 벌어도 그 돈이 그대로 설비투자로 쓰이기 때문이다. 그래서 항공주를 싫어했는지도 모른다. 반도체도 유형자산 비중이 상당히 큰 업종 중 하나다.

부채는 크게 유동부채와 비유동부채로 구성된다.

유동부채	1년 이내 갚아야 할 부채 – 매입채무, 단기차입금
비(非)유동부채	만기가 1년 이상 남은 부채 – 회사채, 장기차입금

기업에서 부채로 문제가 발생하는 이유는 바로 단기에 갚아야 하는 유동부채 때문이다. 유동비율이 120% 이상 되는 기업이 유상증자 등을 통해 주주한테 피해를 주지 않을 기업이다. 매입채무는 거래처에 아직 지급하지 않은 금액을 말한다. 매입채권과 반대개념으로 보면 된다. 그러나 매입채무는 이자를 지급하지 않는 채무로 큰 문제가 아니다. 대부분 이자를 지급하는 차입금에서 문

제가 발생한다. 은행과 같은 금융기관에서 직접 차입하는 장단기 차입금 외에 전환사채(CB), 신주인수권부사채(BW)도 차입금에 포함된다. 당연히 이자가 있는 부채는 비중이 작을수록 좋다. 부채비율과 차입금 비중은 작고, 유동비율이 높을수록 재무적으로 안정적인 회사다.

정리하면 부채비율은 100% 이하, 유동비율은 120% 이상, 차입금 비중은 40% 이하인 회사가 재무적으로 문제없는 회사라고 볼 수 있겠다.

마지막으로 재무상태표에서 자본구성을 살펴야 한다. 기업의 사업밑천이 되는 '진짜 돈'이다. 자본이란 주주들이 회사에 낸 투자원금으로 일반적으로 '액면가 × 주식 수'를 의미한다. 기업이 자산을 가지고 한 해 열심히 제품과 서비스를 판매하여 돈을 벌면(매출), 비용을 뺀 나머지 이익을 가지고 배당하게 된다. 배당하고 남은 돈은 이익잉여금으로 쌓여서 회사의 성장을 위해 그다음 해 사업자금으로 쓰인다.

우리가 주식에 투자하는 이유는 회사가 미래에 더 발전할 것이라는 기대 때문이다. 따라서 배당을 많이 주는 회사가 좋은 회사라고 볼 수는 없다. 다만, 조금이라도 배당을 꾸준히 주는 회사는 좋은 회사다.

재무상태표는 이 정도로도 충분하다. 기본 분석에서 나오는 숫자 그 자체에 몰입하기보다는 그 숫자들이 모여 만들어지는 추세의 방향에 더 중점을 두도록 하자.

· 06 ·
기업 능력 평가
손익계산서

『최후의 예언』을 쓴 조셉 E. 그랜빌은 "주가수익률, 배당, 기업 이익, 경제지표 등을 도구로 사용하고 있는 기본 분석은 아무 쓸모가 없는 것으로 판명되는 때가 많았고 또 별로 인상적이지 않은 분석 기법이다."라는 극단적인 말을 남겼다. 그리고 덧붙여 "주식시장의 유일한 진리는 바로 그 시장 자체에 있으며 시장은 흐르는 강물처럼 끊임없이 바다를 찾아 나선다."고 했다.

나 같은 시장주의자에게는 공감되는 말이다. 시장은 데이터와 통계대로 움직이지 않는다. 시장은 살아있는 유기체와 같으며 매일매일 변화무쌍하게 움직이며 자기만의 길을 걸어간다. 일본

소프트뱅크 회장 손정의는 18년 전 당시 창업한 지 2년밖에 안된 알리바바그룹에 자그마치 200억 원을 투자했다. 그리고 알리바바 지분 34.4%를 보유하는 최대주주가 되었다. 14년이 지난 뒤 그 돈은 무려 약 59조 원으로 불어났다. 손정의는 자기만의 4차원적 관점과 마윈을 보고 투자를 결정한 것이지 알리바바그룹을 분석하지 않았다.

손익계산서는 기업을 평가하는 기준이 된다. 사업을 하다 보면 분기마다 실적이 좋을 리가 없다. 그런 기업은 드물다. 실적이 좋을 때고 있고, 아닐 때도 있다. 실적발표 시즌마다 기사 제목으로 나오는 '어닝 서프라이즈', '어닝 쇼크'란 단어에 현혹되어서는 안 된다. 실적 추이가 우상향하고 있는 기업이 바로 관심 종목에 올려놓아야 할 기업이다.

판매량은 그대로인데 기업의 제품과 서비스 가격이 올라서 매출액이 증가하는 경우가 있다. 음식료업종은 인플레이션으로 가격이 오르거나 아니면 원재룟값이 올라가면서 자연스럽게 매출액이 늘어나는 구조다. 그래서 음식료업종의 경쟁력 있는 기업들은 장기투자에 적합하다고 말한다. 음식료 대표 기업 롯데제과와 롯데칠성은 35년 동안 약 천 배 상승했다. 음식료와 더불어 엔터, 문화에 경쟁력을 가지고 있는 CJ그룹도 장기투자 대상 중 하나다.

손익계산서를 통해 우량기업인지 아닌지 정도만 파악하면 된다. 기업의 경쟁력을 확인할 수 있는 지표 중 하나가 자기자본이익률(ROE)이다. 개인적으로 가장 중요하게 생각하는 투자지표는 주당순이익(EPS)과 자기자본이익률(ROE)이다. 참고로 워런 버핏은 자기자본이익률 기준을 연 15%로 잡는다. 어떤 기업에 1억 원을 투자하면 적어도 1,500만 원은 받아야 한다는 것이다.

매년 ROE를 꾸준하게 유지하는 기업은 ROE만큼 순이익이 증가한다. 예를 들어, 자본이 100억 원인 회사의 올해 ROE가 20%였다면 100억 원×1.2(120%)로 그다음 해 자본은 120억 원이 된다. 그다음 해에도 ROE가 20%라면 120억×1.2(120%)로 순이익 20%가 더 증가하게 된다. ROE 지표 5년 평균값을 구해서 차트를 만들어보면 투자에 많은 도움이 된다.

기업이 우상향할 때 녹색선을 따라 우상향하면 좋겠지만, 문제는 시세가 개인투자자의 바람대로 움직이지 않는다는 것이다. 물론 그런 종목도 있지만 최근 시세의 움직임은 한 번에 확 오른 다음에 그 후 몇 년간 조정만 한다.

대한약품은 3,000원 하던 주가가 20,000원까지 한 번에 상승했다. 미래 복리로 누적되는 실적까지 한 번에 당겨서 올린 것이

대한약품

다. 이렇게 시세가 쭉 올라가면 중간에 치고 들어간다는 게 쉬운 일이 아니다. 설령 중간에 들어갔어도 상한가, 하한가가 반복되는 구간에 주식을 보유하기가 어렵다.

그런데 그 뒤로 4년 지루하게 횡보다. 과연 기업이 나빠서 4년 간 주가가 오르지 않고 횡보한 것일까? 아니다. 이때는 사상 최대 실적이란 기사가 나왔다.

2005년부터 2011년까지 옆으로 누워있던 주가가 신고가(수급)를 내며 박스를 돌파할 때는, 수급(돈)이 들어오는 어떤 이유가 있다는 예측을 세우고 충분히 들어가 볼 만한 자리다. 그러나 상한가, 하한가를 여러 번 반복하며 심리적으로 장기투자하기에 어려운 고통을 준다. 만약 이 고문을 견뎌내면 약 6배 이상의 수익을 얻게 된다.

주식투자가 어려운 이유는 아무리 2차원의 공부가 잘 되어 있어도 심리적으로 저 고문의 구간을 버티기가 어렵기 때문이다. 다른 종목들과 함께 포트폴리오를 잘 짜서 접근하지 않고 대한약품이라는 특정 종목에만 집중해서 투자했다면 일반 투자자는 마음이 흔들려서 수익을 얻기가 거의 불가능하다.

다시 기본 분석으로 넘어가 보자. 기업 중에 매출액이 많아도 이익이 줄어드는 경우가 있다. 이 또한 손익계산서를 통해 확인해 볼 필요가 있다. 손익계산서 파트에서 가장 중요한 것은 바로 매출액, 매출총이익, 영업이익, 법인세 차감 전 순이익, 당기순이익

매출액 (1,000억)	매출원가 (300억)				
	매출총이익 (700억)	판관비 (300억)	금융손익 (-10억)		
			기타 영업 외 손익 (-40억)		
		영업이익 (400억)	법인세 차감 전 순이익 (350억)	법인세 (70억)	
				당기순이익 (280억)	

으로 기업의 소득을 한눈에 파악하는 것이다. 손익계산서의 거의 전부라고 볼 수 있다.

어떤 기업의 매출액이 1,000억 원이라고 가정해보자. 이 돈으로 제품을 만들 때 들어간 원재룟값, 생산직 근로자의 인건비, 기계의 감가상각비 등이 비용으로 나간다. 이를 매출원가라고 한다. 다 빼고 남은 돈은 매출총이익이다.

이 매출총이익은 다시 생산직이 아닌 판매직(영업)과 사무직의 인건비로 들어간다. 그리고 판관비를 빼야 비로소 영업이익이 나온다. 매출액은 많은데 영업이익이 잘 안 나오는 기업은 바로 이 매출원가와 판관비에서 문제가 발생하고 있는 것이다. 영업이익도 동종업계 내에서 매출액 대비 영업이익이 얼마나 나오는지 비교해보면 된다.

영업이익이 바로 주주들의 이익이 되는 것은 아니다. 사업을 위해 빌린 돈의 이자를 갚아야 한다. 이를 금융손익이라고 부른다. 기타 영업 외 손익은 흔히 환차익을 말한다. 이를 모두 빼면 바로 법인세 차감 전 순이익이 나온다. 여기서 법인세를 내고 나면 당기순이익이 나오는데, 당기순이익이 주주들의 몫이다. 이를 주주한테 돌려주면 배당이 되고 배당하고 남은 돈은 다시 이익잉여금이 되는 것이다.

· 07 ·

기업의 혈액순환
현금흐름표

기본 분석의 3대 지표인 재무상태표, 손익계산서, 현금흐름표가 거의 완벽한 기업이 있다. 바로 SK텔레콤이다. 기본 분석이 완

SK텔레콤

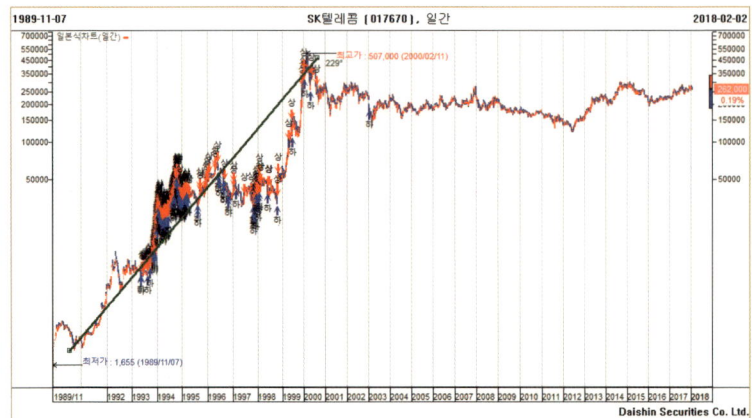

벽한데 주가는 18년째 횡보 중이다.

녹색선으로 이어진 기간 동안(90년대) 미래의 실적까지 전부 당겨서 시세를 분양했을 가능성이 높다. 10년 동안 약 50배의 시세를 분출했는데, 이 종목은 일본시장을 따라간 것이다. 그러면 이 종목은 언제 관심을 두면 좋을까? 앞서 대한약품처럼 오랜 박스구간을 종결하고 신고가를 돌파할 때다.

KT의 상황은 더 심각하다. SK텔레콤 주식이 상승세를 타자 KT가 상장되었다. 그 뒤 약 1년간 최종 주식분양을 완료했다. 두 종목 모두 상투에서 잡은 사람은 아직까지 본전 오기만을 오매불망 기다리고 있다.

SK텔레콤만 보더라도, "차트는 볼 필요가 없다."란 조언은 잘못된 것이다. 기업의 실적이 아무리 좋고 우량해도, 종목의 생애주기가 어디쯤인지, 태동기인지, 성장기인지, 노년기인지 정도는 파악해야 한다. 적어도 태동기와 성장기 때 장기보유하는 것이 중요하다. 인간이 질풍노도의 시기를 보내는 것처럼, 주식도 마찬가지다. 이 시기는 절대로 주식투자자가 편안하게 수익을 얻지 못하도록 시세를 변화무쌍하게 움직여서 장기투자를 어렵게 만든다.

재무제표는 기업의 CEO가 마음만 먹으면 합법적으로 조작

가능하다. 재고자산을 조작해 법 테두리 안에서 분식회계를 할 수 있다. 이것을 잡아내려면 현금흐름표를 확인해 봐야 한다. 현금흐름표는 기술적으로 작업하기가 어렵기 때문이다. 현금흐름표는 쉽게 말해서 가계부로 생각하면 된다. 회사의 현금이 잘 돌아가고 있는지 판단하는 지표다.

가정	기업	현금 흐름표
소득(근로/사업)	이익	영업활동(+)
저축, 투자 (재테크)	설비투자, 유가증권 투자	투자활동(−)
차입 (주로 은행)	차입 (은행, 주주)	재무활동(−)

표에서처럼 영업활동은 플러스(+), 투자활동과 재무활동은 마이너스(−)를 기록하면 현금흐름이 우량한 회사다.

다음은 삼성전자의 현금흐름표다.

삼성전자 현금흐름표

· 현금흐름표 (백만원)

현금흐름표	2013.12.31	2014.12.31	2015.12.31	2016.12.31	2017.09.30
영업활동으로인한현금흐름	46,707,440	36,975,389	40,061,761	47,385,644	40,470,495
당기순이익(손실)	30,474,764	23,394,358	19,060,144	22,726,092	29,931,616
현금유출없는비용등가산	28,657,106	26,558,146	35,252,736	37,092,715	30,024,196
현금유입없는수익등차감	4,852,274	6,234,361	5,641,765	6,338,244	3,268,710
영업활동관련자산부채변동	-1,313,245	-3,837,136	-4,682,032	-1,180,953	-11,737,540
금융비용유출액	434,857	463,740	748,256	443,838	421,908
이자수익유입액	1,034,074	1,555,373	2,151,741	1,405,085	1,314,082
배당금수익유입액	592,217	1,495,658	266,369	256,851	145,706
법인세외납부(환급)	7,450,345	7,492,889	5,597,176	6,132,064	5,516,947
투자활동으로인한현금흐름	-44,747,019	-32,806,408	-27,167,787	-29,658,675	-31,057,350
투자활동으로인한현금유입	2,107,373	2,634,675	7,401,073	8,388,178	11,846,410
투자활동으로인한현금유출	46,854,392	35,441,083	34,568,860	38,046,853	42,903,760
재무활동으로인한현금흐름	-4,137,031	-3,057,109	-6,573,509	-8,669,514	-10,444,988
재무활동으로인한현금유입	342,613	3,601,713	3,397,924	2,406,012	2,818,412
재무활동으로인한현금유출	4,479,644	6,658,822	9,971,433	11,075,526	13,263,400
환율변동으로인한차이조정	-330,070	-555,866	-524,487	417,243	-291,373
현금및현금성자산의증가(감소)	-2,176,610	1,111,872	6,320,465	9,057,495	-1,031,843
기초의현금및현금성자산	18,791,460	16,284,780	16,840,766	22,636,744	32,111,442
기말의현금및현금성자산	16,284,780	16,840,766	22,636,744	32,111,442	30,788,226

    현금흐름표에서 확인할 것은 영업활동으로 인한 현금흐름, 투자활동으로 인한 현금흐름, 재무활동으로 인한 현금흐름 마지막으로 기초, 기말의 현금 및 현금성 자산이다. 삼성은 2015년 영업활동으로 40조 원(이하 소수점은 생략)을 벌어 미래를 위해 27조 원을 투자했고 6조 원의 빚을 갚았다. 남은 6조 원이 예금잔액에 쌓이면서 22조 원으로 불어났다. 2017년 9월 30일 기준으로 삼성전자 통장 잔액은 무려 30조 원이다.

    삼성전자는 상장기업을 통틀어 최고의 현금흐름을 가지고 있는 기업이다. 이상적인 현금흐름 구조는 영업활동으로 번 돈(기업의 소득) 범위 안에서 미래를 위한 투자를 하고 빚을 갚으며, 나머지는 저축하는 활동을 꾸준히 반복하는 기업이다.

2013년을 보면 46조 원을 벌어 44조 원을 투자를 했고 4조 원의 빚을 갚았다. 번 돈 이상을 지출하면서 매우 공격적인 투자를 감행했다는 것을 알 수 있다. 그러면서 번 돈보다 지출이 많았으니 현금성 자산흐름은 마이너스가 되었고 18조 원이었던 예금 잔고는 16조 원으로 줄어들었다. 그러나 워낙 잔액이 많아 충분히 커버할 수 있다.

주식투자자는 이러한 공격적인 투자를 보면서, 번 돈 이상을 쓰면서까지 공격적인 투자를 해야 하는 사업이 생겼다고 예측하고 그 사업이 무엇일지 생각하면 좋다. 그 투자의 결실로 기업의 실적이 더 좋아지고 향후 주가 상승도 기대해 볼 수 있겠다.

만약 투자활동이 플러스(+)면 미래에 투자를 하지 않는 회사다. 미래 수익을 기대해 볼 수 없어 성장이 멈춘 기업이라고 판단해도 된다. 재무활동이 플러스(+)가 되면 빌린 돈도 제대로 갚아 나가지 못하고 있다는 것을 유추해 볼 수 있다. 기업의 생애에 따라 현금흐름도 달라지는데 정리해보면 다음 표와 같다.

기업의 생애	영업활동	투자활동	재무활동
창업(태동기)	−	−	+
위험기업	−	+	+
위험기업	−	+	−
성장기업(성장기)	+	−	+
우량기업(성숙기)	+	−	−
쇠퇴기업(노년기)	+	+	−

우리가 관심 가져야 할 기업은 바로 성장기업과 우량기업이다. 주주에게 이익을 주기 위해서는 번 돈을 미래를 위한 투자에 쓰는 기업이다. 현재 성장하고 있는 기업은 빚을 갚아나가는 구조보다는 더 큰 성장을 위해 빚을 더 늘려나가는 구조다. 그리고 초보자가 특히 피해야 할 기업은 영업활동이 마이너스(−)로 돈을 벌지 못하는 기업이다.

삼성전자의 신용등급과 현금흐름등급

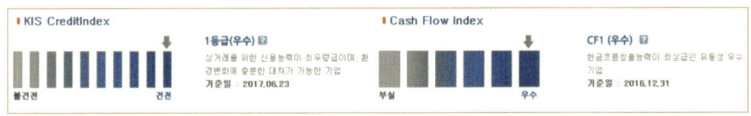

출처: 대신증권 사이보스 HTS

조금 더 간단히 활용할 수 있는 지표는 HTS 상에서 제공해주는 Cach Flow Index다. 기업의 현금흐름을 배터리 표시로 볼 수 있다. 삼성전자는 대한민국 최고 우량주답게 배터리가 전체 채워져 있다. 참고로 왼쪽에 있는 KIS CreditIndex를 통해서는 회사의 신용을 평가해 볼 수 있다. 4등급은 괄호 안에 양호로 되어 있고, 3등급부터 우수로 되어 있다. 초보자는 최소한 4등급 이상의 기업에만 투자하는 것이 좋다. 신용등급과 현금흐름이 양호 이상의 평가만 받아도 부도 위험에서 벗어난 기업에 투자 할 수 있다.

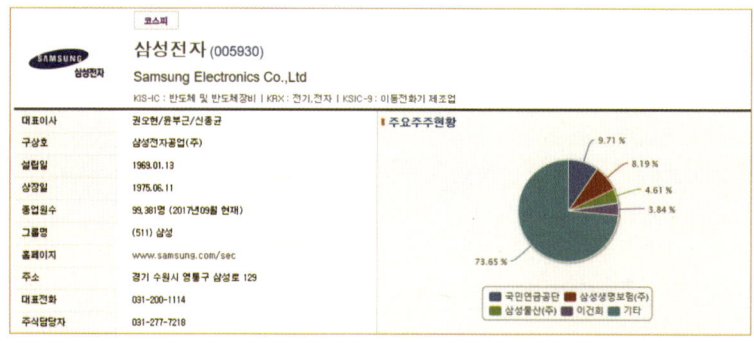

출처: 대신증권 사이보스 HTS

삼성전자 주식은 이건희 회장이 3.84% 보유 중이다. 보통 대주주가 25% 이상 지분을 가지고 있지 않을 때 주식 유통 문제가 발생하지 않아 거래하는데 쉬운 편이다. 특히 국민연금이나 신영자산운용처럼 가치투자를 지향하는 자산운용사에서 지분을 많이 보유할 경우에는, 깊게 분석하지 않아도 힌트를 얻을 수 있다.

· 08 ·
주식투자의 알파와 오메가
매입가와 타이밍

가치투자의 창시자 벤저민 그레이엄은 다음과 같이 말했다.

"이 세상에 좋은 주식, 나쁜 주식은 없다. 오로지 싼 주식, 비싼 주식만 있을 뿐이다."

주식은 이왕이면 저점에서 사 모아 나가는 게 좋다. 당연한 말이다. 종목 선정보다 훨씬 중요한 개념이 바로 '매입가'와 '타이밍'이다. 무조건 '싸게' 매입하여 '적시'에 매도하는 것이야말로 바로 필승의 알파와 오메가다. 아무리 좋은 종목이라 해도 매입가와 타이밍이 엇박자를 타게 되면 수익률 저하는 물론이고 장기간 자금이 묶이게 된다. 다른 종목을 매수할 수 있었던 기회비용까지 생각하면 결국 빈털터리 투자가 되어버린다.

보령메디앙스

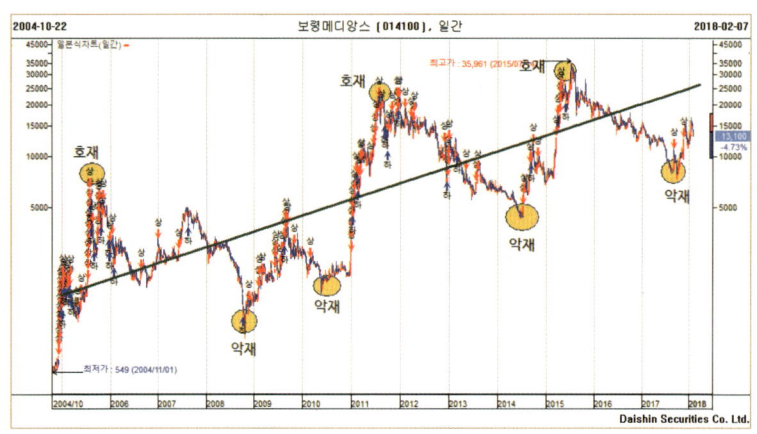

보령메디앙스 차트다. 대개 사람들은, '실적이 좋으면 주가도 올라가겠지.'라고 생각한다. 물론 녹색선을 기준으로 보면 맞는 말이다. 변동성이 싫은 하수는 '주가가 기업의 성장에 따라 녹색선처럼 마음 편안하게 움직여주면 좋겠어.'라고 생각하고 변동성을 개의치 않는 고수는 '주가가 위아래로 변동성을 만들어줘야 아래에서 사고, 위에서 팔고, 다시 아래에서 사고, 위에서 팔면서 더 괜찮은 수익을 낼 수가 있지.'라고 생각한다. 고수는 변동성을 활용하여 기업의 가치 그 이상으로 더 큰 수익을 창출해낼 수 있는 사람들이다.

2011년 24,749원 하던 주가는 2014년 4,261원까지 내려간다. 그러다 다시 2015년 35,961원까지 오른다. 그러나 2017년에 다시 7,342원까지 내려갔다. 같은 종목을 가지고도 2011년이나 2015년에 매수한 사람에겐 깡통종목이 되었고 2014년이나 2017년에 매수한 사람에겐 큰 수익을 안겨주는 종목이 되었다. 장기적으로 보면 이 종목은 2004년에 최저가가 462원이었다. 아무런 매매 없이 지금까지 들고 있어도 어마어마한 수익이다. 그러나 저 변동성을 감내하면서 지금까지 들고 있다는 것은 개인투자자에게는 매우 어려운 일이다.

주식투자로 돈을 번다는 것은 실적이 좋을 때 주식을 사는 것이 아니라 주가가 쌀 때 사는 것이다. 이 세상에 쓸모없는 주식이란 없다. 아무리 쓸모없는 주식이라도 가격이 터무니없이 낮으면 매수해볼 만하다. 매입가가 낮기 때문에 언제 환급하더라도 수익낼 확률이 높다. 물론 한 번에 들어가는 것이 아니라, 반드시 분할매수로 접근해야 한다. 더 나아가서는 기업의 비즈니스, 성장성, 경쟁력을 파악해 결국은 우상향하겠다는 계산이 서면 들어가야 한다.

일반 투자자는 무언가가 확실해진 다음에 주식을 사려고 한다. 그러나 주식시장은 불확실한 것을 사서 확실해질 때 파는 사업이다. 주가에 실적이 이미 선반영 된다는 사실을 감안하면 뉴스에 실적이 좋다고 발표가 난 기업보다는 기업의 실적이 나빠, 주가가 낮아진 그때가 바로 투자하기 좋은 시기다. 지금은 아무리 최고 실적을 기록하고 있어도 주가가 과열되어 있다는 판단이 들었다면 역발상으로 주식을 단기 매도하는 재료가 될 수도 있다.

주식은 안심할 때 사면 비싸고, 불안할 때 사면 싸다. 경영환경이 좋고, 실적이 좋고, 호재가 있으면 투자 심리도 과열되며 주식을 사려는 사람이 많아 주가가 높게 거래된다. 그러나 반대의 경우에는 주가가 낮게 거래된다. 그럼에도 불구하고 사람들은 다른 사람들이 사는 것을 확인하고 사려는 경향이 있다. 모든 것을 확인하고 사면 상투를 잡게 된다. 그래서 완벽히 분석하고 산다는 말은 잘못된 말이다. 모든 것이 완벽할 때는 이미 늦었다.

대중 안에 있으면 마음이 편하지만 대중과 다른 길을 가려고 하면 외롭고 불안하고 두렵다. 하지만 주식투자자는 바로 이런 길을 걸어야 한다. 내가 투자한 기업을 언론과 여론이 너무 좋게 평가하고 있다면 조심하자.

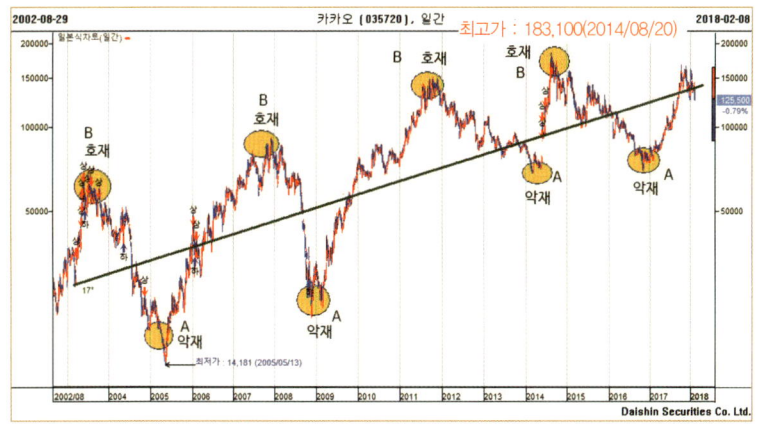

카카오 차트다. 업황, 실적, 뉴스, 수급, 심리 등의 정보가 결여된 상태다. 그래서 소음을 없애고 순수한 시세를 볼 수 있다. 차트만 보면 "A에서 사서 B에서 팔아야 합니다."라고 대답한다. 그러나 실제 투자에서는 뉴스로 정보를 파악하고 실시간으로 주가 움직임을 보다가 B에서 주식을 사고, A에서 주식을 팔게 된다. B 구역은 주식전문가가 언론에 나와 적극적인 투자 권유를 한다. 반대로 A 구역에서는 이런 종목에 투자하면 위험하다고 말하며 적극적인 투자 권유를 못 한다.

과연 이런 상황에서 장기투자가 가능할까? 주식이 생산수단이란 마인드가 있어야만 가능한 일이다. 카카오처럼 성장주 후보군을 골고루 잘 담아서 특별한 매매 없이 장기보유하면 분명히 좋은 결과를 얻을 수 있을 것이다.

카카오는 전 국민의 관심을 받는 종목이라 주가가 절대로 편안하게 올라가지 않는다. 하지만 고점에서 물렸다고 할지라도 성장하는 기업은 시간이 지나면 본전을 다 찾아준다.

2007년 92,200원에서 매수한 사람은 2008년 20,650원까지 떨어지는 것을 버텨야 했다. 2011년 152,000원에 매수한 사람은 2014년 68,400원까지 떨어지는 것은 버텨야 했다.

최저점, 최고점을 누구도 정확히 맞출 수는 없다. 그러나 적어도 내가 진입하는 시점이 어느 자리인지 정도는 파악하고 있어야 한다. 내가 투자하고 있는 종목이 성장주인지, 가치주인지, 주도주인지, 우량주인지. 그 종목의 성격은 알고 투자해야 한다.

필자의 지인 중 2014년 카카오가 15만 원일 때 아파트 담보 대출을 받아 3억 원 정도 투자한 사람이 있었다. 아무리 좋은 종목이라도 진입 타이밍이 잘못되면 꽝이다. 당시 '다음-카카오 합병'이란 호재성 기사가 연일 나왔고, 실적도 상당히 좋은 편이었다. 그러나 약 2년간 주가가 반 토막이 나면서 평가액 1억 5천만 원이 줄어들었다. 지인은 스트레스와 고통으로 없던 병들이 생기기 시작했다.

2016년에는 주가가 69,900원까지 떨어지기도 했다. 전 재산이 3억 원인 사람이 평가액이 1억 원 이상 줄어드는데 '언젠가 오르겠지, 뭐.' 하고 천하태평으로 바라볼 수 있을까? 주가가 떨어질 때는 더 내려갈 것 같은 두려움이 생긴다. 결국 A 구역에서 2년간의 고통스러운 장기투자를 마감했다.

· 09 ·

수익 상승의 기본
포트폴리오 경영 시스템

내가 산 모든 종목이 수익을 거둔다는 건 불가능하다. 그보다 먼저 '어떻게 하면 손실을 최소화하면서 장기투자를 할 수 있을까?'를 고민해야 한다. 그 답은 바로 포트폴리오 경영 시스템에 있다.

보통 종목을 압축하고 싶어 한다. 그래야 빨리 벌 수 있다고 생각하기 때문이다. 나는 종목을 최대한 많이 담으라고 조언한다. 여러 종목에서 손실이 있어도 전체 계좌의 수익은 플러스가 되는 방법이다. 간혹 이렇게 말하는 사람들이 있다.

"종목이 많아서 내가 무엇을 담았는지 이제 잘 모르겠어요. 그런데 전체 계좌는 플러스더라고요."

"계좌에 분명 손실 나고 있는 종목들도 많거든요? 그런데 신기하게 전체 계좌는 플러스예요."

주식투자를 하면 99%가 실패한다고 한다. 그동안 많은 종목이 우상향하며 100배 이상의 수익률을 내어주었는데도 왜 이런 일이 발생할까? 주가의 변동성 때문에 스스로 마인드 컨트롤이 안 되기 때문이다. 나처럼 평범한 일반 회사원은 슈퍼개미가 될 필요가 없다. 그저 노후에 내가 일을 하지 않아도 월급쟁이 생활을 할 때와 같은 생활 수준만 유지하면 충분하다.

아무리 책에서 멋진 투자법을 봤다 하더라도 내가 직접 적용할 수 없으면 무의미하다. 나는 누구나 쉽게 따라 할 수 있고, 마음이 편한 투자를 지향한다. 꾸준한 학습과 심리 상태만 잘 교정해준다면 충분히 주식투자로 성공할 수 있다. 시간이 돈을 벌어다 주는 것이지 내가 잔재주를 부린다고 돈이 벌리는 건 아니다.

계좌에 종목이 많다 보면 나를 슬프게 만드는 종목이 생길 것이다. 그런데도 왜 계좌는 플러스가 유지될까. 몇몇 종목들의 수익이 계속 자라고 있어서 그렇다.

종목을 많이 담다 보면 마이너스 종목들을 모두 만회하고도 남는 이른바 '슈퍼 종목'들이 담긴다. 물론 무조건 막 담으면 안 되고 어느 정도 이제 올라갈 수 있는 종목들을 담아내는 실력이 있어야 한다. 수익 나는 몇 종목들만 잘 키우면 계좌는 늘 플러스로 유지된다. 주식투자란 결국 이 확률을 높여나가는 게임이다. 이 시스템을 설명해주어도 그동안 투자하던 습관이 남아서 여전히 특정 종목만 짝사랑하는 투자자들이 많다. 슈퍼개미들의 투자법이라고 하면서 말이다. 하지만 정작 본인은 슈퍼개미만큼의 공부를 하지 않는다.

극단적으로 비중 1%씩 100종목을 담았는데 99개 종목은 손실이 나고 있다고 치자. 그런데 나머지 1종목이 2003년부터 2007년까지 140배가 오른 현대미포조선이다. 그러면 그 포트폴리오는 대박이 난다. 내가 수년간 열심히 분석한 종목 하나가 현대미포조선이 담길 확률보다 여러 종목을 담았는데 그중에서 현대미포조선이 담길 확률이 더 높지 않을까?

이럴 경우 나머지 99개 종목의 손실을 모두 만회하고도 큰 수익이 남는다. 게다가 나머지 99개 종목이 다 망하기도 어렵다. 나 같은 경우도 100개 종목을 담으면 보통 80개 종목에서 성공한다. 초보자도 조금만 노력하면 50% 종목을 성공시킬 수 있다. 그러면 나머지 50% 종목은 아예 망한 것일까? 아니다. 잘 담은 종목이라면 언젠가 올라간다.

올라가는 종목은 계속 키우고, 내려가는 종목은 비중을 계속 줄이는 방법이 맞다. 아무리 큰 손실이 나 봤자 -100%다. 그런데 수익은 무한대다.

보통 수익이 나는 종목들을 보면 매수자리가 굉장히 지저분한 자리다. 정말 사기 싫은 종목이었지만 비중을 지켜서 조금만 사봤더니 내가 많이 사둔 종목보다 크게 오르는 경우가 많다. 내 마음에 들고 좋아하는 종목은 주가가 바닥일 리 없다. 바닥은 많이 사기도 껄끄럽고 언론에서 좋은 이야기도 해주지 않는다.

나는 이제 주식투자를 시작하려는 분들에게 마음이 편한 투자를 하라고 조언한다. 지금 당장의 수익보다도 두 발 뻗고 잘 수 있는 투자가 최고라고. 비중이 작아야 멀리 갈 수 있다는 말도 많이 한다.

비중 1%씩 100종목 정도 보유하면 좋다. 0.5%씩 담으면 200종목도 담을 수 있다. 이게 또 자연스럽게 공부가 된다. 한두 종목을 가지고 있으면 이후에 공부를 전혀 하지 않는다. 종목이 많을수록 내가 보유하고 있는 종목들의 차트 하나라도 더 보게 된다. 그렇게 되면 업종별로 골고루 담았을 확률이 높기 때문에 나도 모르게 시장의 흐름을 읽게 된다.

수익을 만들기 위해서 가장 먼저 해야 하는 일은 역설적으로 리스크를 줄이는 일이다. 종목이 많을수록 리스크가 적다. 비중 10%씩 10개 종목을 담은 포트폴리오의 한 종목당 리스크는 10%

다. 비중 1%면 한 종목당 리스크는 1%고 0.5%씩 담으면 한 종목당 리스크는 0.5%다. 리스크를 줄이라는 말은 결국 비중을 의미한다. 비중이 작다면 한 종목에서 손실이 나도 포트폴리오에 큰 지장이 없다. 마찬가지로 한두 종목 상장폐지 된다고 해서 내 인생에 큰 타격을 입는 것도 아니다.

하지만 상장폐지 되는 경우는 거의 없다. 기업이 어려워지면 누군가 그 회사를 인수합병하는 경우가 더 많다. 그래서 다시 부활하게 된다. 비중이 작으면 손절 없는 일명 버티기 기법이 가능하기 때문에 시간이 지나고 다시 올라오는 경우가 많다. 비중이 크면 손실 난 상황에서 1년 이상 버티기 어렵다. 계속 파란색을 보고 있으면 차라리 손절해서 없애버리는 것이 마음이 편하다는 생각이 든다.

초보자는 차라리 내가 무슨 종목을 담았는지 모르는 편이 낫다. 비중이 커 무슨 종목을 담고 있는지 알고 있는 순간, 불안과 스트레스로 매매를 반복하게 된다. 얼른 폭탄을 던져버리고 싶을 것이다. 자기가 무슨 종목을 담고 있는지 모르게 만드는 게 투자 전략이라고 설명한다. 투자 심리를 교정시켜 주는 것이다. 나중에 투자 경험이 쌓이고 자신감이 좀 붙으면 본인이 감당할 수 있을 정도만큼만 한 종목당 비중을 늘려나가도 상관없다.

포트폴리오를 잘 짜놓으면 매일 여기저기 종목들이 오른다. 그걸 보는 재미도 쏠쏠하다.

기업도, 비중도 괜찮은 것 같은데 수익이 진짜 안 나는 종목들이 있다. 대개 고점매수를 해서 그렇다. 고점매수를 하면 시간이 상당히 오래 걸린다. 주식에 입문하면 고점매수는 피할 수 없는 코스다.

초보자는 복기 차트를 보면서 매매 복기를 하는 것이 중요하다. 자신의 지난 매매패턴을 보고 있으면 재밌을 것이다. 어떻게 바보같이 이런 자리에서 매매했을까, 하는 생각이 절로 든다. 그 당시 왜 그런 매매를 했는지 생각해보면, 지금은 기억도 나지 않는 언론의 영향이 컸을 것이다. 그 뉴스에 따라 행동했으리라.

중소형주의 경우 바닥이라 생각해서 샀는데도 주가가 －50% 이상 빠질 수도 있다. -50% 빠진 기간은 11개월인데 반 토막을 만회하고 큰 수익으로 연결되는 기간은 한 달도 되지 않는 경우가 많다. 이 마지막 구간이 있기 때문에 참고 버텨야 한다.

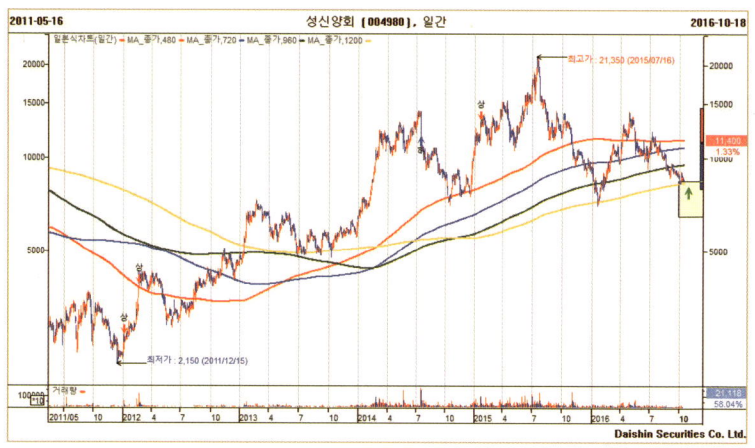

성신양회 같은 경우 2016년 10월 자리도 좋은 타이밍이었다. 2012년부터 하락하던 추세가 우상향을 시작했고, 주가가 중장기 이동평균선까지 눌러줬기 때문이다.

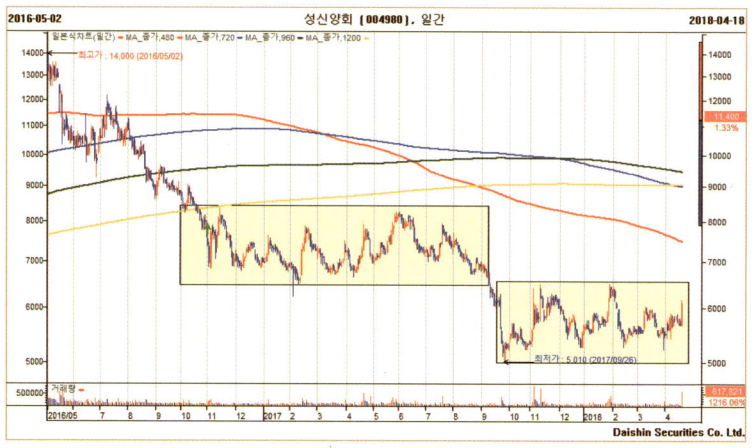

그랬던 주가가 악재를 동반하여 아예 중장기 이동평균선 아래로 내려갈 수도 있다. 여기서는 두 가지 방법이 있다. 이동평균선 밑으로 들어가면서 지지선을 깼으니 비중을 줄일 것이냐, 아니면 비중은 적당하니 계속 버틸 것이냐 둘 중 하나를 선택해야 한다. 한번 지하로 들어가면 빠져나오는 데 오래 걸리는 경우가 많다. 그로부터 2018년 4월까지 벌써 지하 생활 1년 6개월째다. 비중이 크면 포기하게 된다. 하지만 한번 올라가기 시작하면 금방 올라간다.

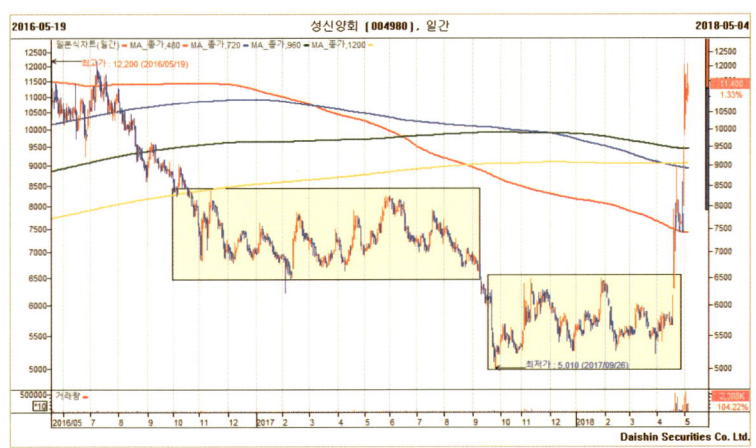

본전을 만회하고 60% 이상 수익권으로 도달하는 데 불과 한 달이 걸렸다. 2016년 10월 손절이란 선택을 내렸다면 1년 6개월

의 고통은 없어진다. 그러나 이렇게 주가가 급격하게 빨리 올라갈 때는 다시 따라잡기가 어렵다는 단점이 있다. 손절하지 않고 계속 보유했을 경우에는 굳이 매수하기 어려운 타이밍에 들어가지 않고도 60% 수익을 얻는 장점이 있다.

종목이 많으면 관리가 안 된다는 사람도 있다. 그렇다면 이런 질문을 던져보고 싶다.

'관리하면 수익이 증가하는가? 주가를 본인이 움직일 수 없는데 무엇을 어떻게 관리한다는 말인가?'

주식투자는 종목을 관리하는 것이 아니라 방목하는 것이다. 주식이나 자식이나 방목해야 건강하게 자란다. 방목이란 결국 주식을 매매하지 않고 보유하며 장기투자를 하겠다는 의미다.

너무 관리하려고 하지 마라. 종목을 좋은 자리에서 잘 담아 포트폴리오를 구성하고 주식이 자랄 시간을 기다리며 그 시간 동안 즐거운 시간을 보내자. 내가 해야 할 중요한 일은 매달 월급을 받으면 여유자금을 만들어 또 주식을 사는 것이다. 그리고 월봉, 분기봉, 연봉을 확인하는 일이다. 분기마다 실적을 체크하고 실적 차트를 만들어 보는 것도 중요하다. 실적도 분기마다 변동하기 때문에 우상향하고 있는지 꼭 체크해야 한다.

사고 싶은 종목이 생겼는데 돈이 없는 경우가 있다. 그럴 때 주로 수익이 나고 있는 종목을 팔아버린다. 그러나 반대로 해야 한다. 수익이 나고 있는 종목들은 계속 키우고 손실이 나고 있는 종목 중에서 시간이 오래 걸리겠다는 종목을 파악해서 그 종목을 팔아야 한다.

　수익이 나고 있는 종목을 팔면 내 계좌는 온통 파란색으로 물들게 된다. 하락이 시작되면 성신양회처럼 계속 하락을 지속하는 경우가 많다. 계좌가 온통 파래지면 어느 순간 열정이 식고 아예 주식에 손을 놓아버릴 수도 있다.

Chapter 3

경제를 읽는
투자자의 시각

· 01 ·
경기주기가 반복되면
종목도 반복될까

주식 공부를 하다 보면 '경기순환주기'라는 말을 들어봤을 것이다. 그리고 공부를 더 한 사람들은 '경기가 좋아지면, 경기민감 주식이 크게 오른다.'는 것까지 학습되어 있다.

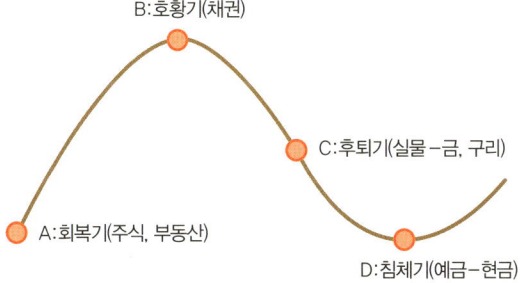

경기순환주기

인터넷에서 흔히 볼 수 있는 경기순환주기다. 우리 인생 그래프도 굴곡이 있는 것처럼 경기도 마찬가지다. 평생 호황도 없고, 평생 불황도 없다. 호황이 있으면 불황이 있고, 불황이 있으면 호황이 있다. 이를 두고 경제학자들이 '경기에도 일정한 주기가 있다.'는 이론을 만들어 놓은 것이다.

대표적인 경기 사이클은 세 가지다.

1. 콘트라티에프 사이클 : 물가 주기

경기 사이클 중 가장 긴 사이클로 대략 50년을 주기로 본다. 물가상승이 최고조를 이룬 주기를 1800년대부터 계산하면 대략 40년~50년이라는 것이다.

1820년 → 1870년 → 1920년 → 1970년 → 2020년

예측이 정확할 필요는 없다. 주식투자를 하면서 정확한 수치를 맞추려는 사람들이 있다. 그것은 경제학자들의 역할이지 주식투자자의 역할이 아니다. 주식투자자라면 '그래서 지금 디플레이션 국면으로 가는 거야, 아니면 인플레이션 국면으로 가는 거야?'에 대해 이해하고 있으면 된다.

"금리가 작년에는 몇 %가 올랐고, 재작년에는 몇 %가 올랐고, 10년 전에는 몇 %가 하락했다."는 걸 암기하고 말하는 사람도 봤다. 주식투자는 기억력 테스트가 아니다. "금융위기 이후 금리가 인하되는 시기였고, 재작년부터 금리가 다시 인상되는 시기다." 이렇게 추세만 판단해도 충분하다.

중요한 것은 속도가 아니라 방향이다. 내일 당장의 물가가 몇 % 오르는 것이 중요한 게 아니라 현재 인플레이션 국면으로 가고 있다는 그 방향이 중요하다.

2. 한센 사이클 : 부동산 주기

흔히 제조업이라고 말하는 조선, 해운, 철강, 화학, 건설, 건자재 등의 업종은 결국 '부동산'으로 수렴된다. 부동산 경기가 호황을 이룰 때 철강, 화학, 건자재 같은 업종들이 좋아지고, 동시에 그 원자재를 실어 나르는 조선, 해운 경기도 좋아진다. "경기가 좋아진다는 것은 결국 부동산 경기가 좋아진다는 말이다."라고 이야기하는 사람도 있다.

1965년 경제학자 한센이 "1860년부터 1930년까지 부동산은 17년이란 일정한 주기를 가지고 움직였다."는 가설을 내놓았다. 미국, 유럽, 일본 등 선진국의 주택 자료를 보면 부동산 가격 천장은 1973년, 1990년, 2007년으로 한센이 말한 것처럼 17년의 간격으로 변했다. 이 주기에 따르면 다음 부동산 천장은 2024년이다. 그러나 일본은 주택가격이 2007년에 회복되지 못했다. 경제학자들은 그 이유로 일본의 인구감소를 이유로 뽑고 있다. 문제는 같은 인구감소 문제를 겪고 있는 한국이다.

'과연 한국은 부동산 부흥기를 지나 2024년 천장권이 올 것인가?'

미국을 비롯해 인구가 증가하고 도시화가 계속 진행되고 있는 동남아시아 일부 국가들은 한센 주기를 따라갈 수 있어도 한국도 포함될 수 있을지는 의문이다.

3. 주글라 사이클 : 설비투자 주기

"기업의 설비투자는 10년을 주기로 호황과 불황을 반복한다."고 주장했던 프랑스 경제학자의 이름을 따서 주글라 사이클이라고 한다. 이 주기는 한센 사이클과 중첩되어 움직인다.

한국은 수출 중심의 제조업 국가이기 때문에 내수 경기와 상관없이 세계 경기 사이클을 따를 것이라고 주장하는 사람이 많다. 여기서 이런 질문을 던지고 싶다.

'경기는 순환하니깐 불황이 있으면 결국 호황도 다시 오는 법인데, 문제는 과거 호황기 때 전성기를 누렸던 종목들이 과연 다시 그때처럼 큰 폭으로 똑같이 오를까?'

예를 들어 현대미포조선은 과거 경기호황기 때(2003년~2007년) 140배가 넘게 상승했다. 그렇다면 앞으로 다시 경기호황기가 찾아왔을 때 똑같이 140배가 상승하겠느냐, 라는 것이다.

주식시장을 오래 연구해보면 큰 시세가 났던 종목은 똑같은 호황기가 와도 그만큼의 상승은 없다는 걸 알 수 있다. 1999년 IT 버블 때 100배 넘게 상승했던 종목들은 IT주기가 반복해도 다시 그 주가를 회복하지 못하고 있다. 일본도 마찬가지다. 90년대 대상투를 쳤던 기업들은 주기가 찾아와도 다시 주가를 회복하지 못하고 있다.

그 이유는 시세(버블)에 있다. 흔히 주식투자자들이 옛 추억에 잠겨, '같은 주기가 왔을 때, 예전에 크게 올랐던 종목들이 또 오르겠지?'라고 생각하는 경향이 있다. 그러나 과거에 크게 올라 대중들에게 이미 노출된 종목은 다르게 움직이기도 한다. 조정이 기업의 가치에 비해 충분하지 않다고 판단하면 과거처럼 큰 그림을 만들어주지 않을 수도 있다.

'경기 주기는 반복되어도, 종목은 반복되지 않는다.'라는 결과에 도달할 수 있다. 다시 호황이 찾아오더라도 과거 호황기 때 올랐던 종목이 아니라 새로운 종목을 찾아야 한다.

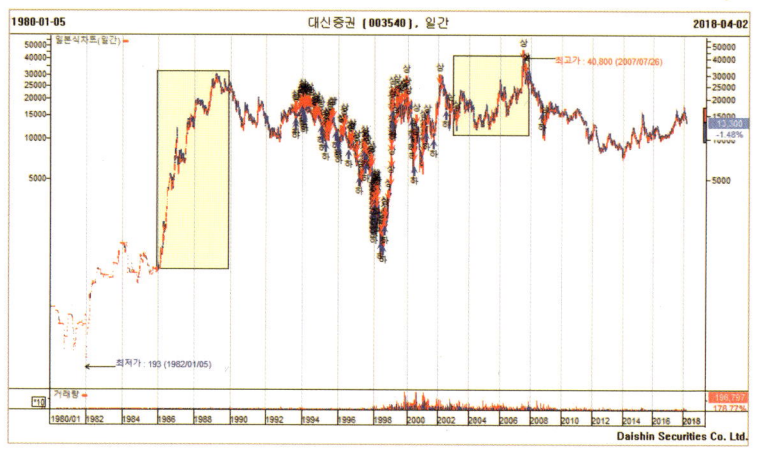

대신증권을 보면 앞 주기(1986년~1990년)에서 시세가 크게 올랐다. 그다음 주기(2003년~2007년)에도 오르긴 했지만 옛 추억을 기대했던 투자자들에게는 큰 실망감을 안겨주었다.

1980년부터 보면 193원이던 주가가 10년 동안 31,035원까지 올랐다. 1980년부터 2018년까지를 두고 보면 분명 상승 중이지만 앞서 시세가 너무 오른 나머지 그 뒤 30년이 지났는데도 1990년대 고점보다 아래에 있다.

주기가 반복되어도 앞선 주기에서 시세를 너무 올린 것은 아닌지, 다시 경기 호황기가 오더라도 2003년~2007년 호황기에 많이 오른 종목은 아닌지, 이미 상승이 노출된 종목이 경기주기에 따라 다시 한번 큰 시세를 내줄 것인지를 생각해봐야 한다.

대신증권을 비롯한 증권주는 1985년~1990년 사이클에서 큰 시세를 냈다. 그리고 2003년~2007년에도 충분히 주가가 올랐다. 하지만 1990년만큼의 시세가 나오지는 않았다. 앞 사이클 시세가 부담됐는지 한 사이클을 그냥 건너뛰었다. 1990년부터 2003년까지 17년 동안 충분히 조정을 받지 않았다는 게 시장의 판단인 것이다. 그렇다면 시장은 2020년~2023년 사이클에서는 어떤 판단을 내릴까? 30년이 넘은 세월이면 충분한 조정이 이루어졌다고 판단을 할 수 있을까? 언제나 답은 시장에 있다.

과거의 시세가 너무 가파른 상승이었다면 아무리 경기가 호전되고 기업의 실적이 개선되고 있다고 하더라도, 그때의 시세가 다시 나오길 기대하면서 투자하는 게 옳은지 늘 고민해 봐야 한다.

· 02 ·
경기순환주기는 중요할까?

"역사는 반복되고, 주식시장도 반복된다. 다만, 종목이 바뀔 뿐이다."

삼성전자처럼 꾸준하게 우상향하는 종목도 있다. 삼성전자가 계속 우상향을 할 수 있던 이유는 기업 가치와 성장성이 받쳐주면서 현대미포조선처럼 일정 구간에 엄청난 시세를 낸 적 없기 때문이다.

일본이 고통받는 이유는 무엇인가? 정말 저출산, 고령화 때문일까? 그렇다면 지금의 일본 주가의 상승은 무엇으로 설명할 수 있을까? 갑자기 아이를 많이 낳고, 노인들이 회춘한 것은 아닐 텐데 말이다. 그 이유를 특정 주기(1985~1990)에 일어난 버블로 본다.

일본니케이225지수

일본 니케이지수가 10000포인트에서 38000포인트를 찍는 데까지 5년이 걸렸다. 현재 한국 지수는 2000포인트에서 3000포인트 가는 것마저 10년이 넘도록 버거워하고 있다. 일본이 보여준 5년 동안의 상승은 보통의 상승을 초월하는 엄청 큰 버블이다. 2013년부터 다시 올라가려 하지만 90년대 이전 고점까지 가려면 아직 갈 길이 멀어 보인다.

일본에서도 볼 수 있듯이 경기호황을 크게 누리면 그 뒷감당이 어렵다. 좋은 시절을 뒤로하고 경기가 침체기에 들어서면 어떻게 될까? 정부의 고용지표는 엉망이 되고 직장인의 월급은 생각만큼 오르지 않는다. 인플레이션 국면에서 디플레이션 국면으로 넘어가는 것이다.

호시절 때 대출받아 사업에 뛰어든 사람들이 신용불량자로 전락한 기사를 접하게 된다. 국민의 주머니 사정이 안 좋아지다 보니 소비가 위축된다. 기업들도 긴축에 들어가면서 투자를 축소한다. 기업이 몸을 움츠리면 자연스럽게 실업률이 상승하고 실업률로 소비가 위축되면서, 이른바 악순환이 이어지는 것이다.

정부라고 손가락만 빨고 있지는 않다. 침체한 경제를 살리기 위해 본격적인 경기부양에 나선다. 시장에 돈을 풀기 시작하는데, 가장 좋은 방법은 금리 인하 카드다.

정부는 "금리를 낮출 테니, 돈 좀 빌려서 투자도 하고 소비도 좀 해!"라며 좋은 조건을 내민다. 금리가 인하되면서 기업도 조금씩, 조금씩 돈을 빌려 투자를 하고 사무실과 공장을 확충한다. (그러나 최근 이미 글로벌화가 진행된 기업들은 공장도 해외에서 짓는 마당에 굳이 국내에서 돈을 빌려 투자할 필요가 없어 보인다.) 그러면 자연스럽게 인력도 충원된다. 고용이 늘어나며 소비가 늘어나고 생산한 물건도 잘 팔린다. 그리고 물건이 잘 팔리니 추가로 대출을 받아 사무실과 공장을 확장한다. 이른바 선순환이 이루어지는 것이다.

기업뿐만이 아니다. 이자가 적으면 개인들도 돈을 빌려 부동산을 사고팔고 사업도 시작할지 모른다. 기업과 개인이 저렴한 이자를 등에 업고 계속해서 돈을 빌려 투자 확장을 한다.

그러다 어느 순간이 되면 은행의 태도는 달라진다. 가산 금리를 적용하기 시작한다. 너도나도 싼 이자를 통해 사업과 투자 혹은 소비를 확대하려고 할 때, 점차 금리를 올린다. 하지만 앞으로 금리가 더 오를 거라는 심리와 결국 빌릴 돈이면 '지금'이 가장 좋은 시기라고 생각하며 대출자는 줄지 않는다. 그러다 꾸준한 금리 인상이 지속되면 돈을 빌리려는 사람이 줄어든다.

그때부터 금리는 점점 내려간다. 금리가 눈에 띄게 점점 하락할 때는 경기가 조금씩 나빠지고 있을 때다. 왜냐하면 돈을 빌리려는 사람이 없기 때문이다. 금리 인하 국면에서 돈을 빌리는 사람이 조금씩 많아지면 다시 금리 인상 국면으로 간다. 때에 맞춘 적절한 대응이 이루어지는 셈이다.

한국은행 정문 앞에는 '물가안정'이라는 글자가 크게 쓰여 있다. 한국은행의 목표는 물가안정이다. 중앙은행이 금리를 올리고, 내리는 건 그리 단순한 일이 아니다. 많은 경제지표를 참고해 물가를 신경 써야 한다. 금리 인상, 인하 타이밍이 조금이라도 잘못되면 경기에 내상을 입게 된다.

일본의 1980년대 자산시장 버블은 일본 중앙은행이 금리 인상 타이밍을 잘 맞추지 못한 영향도 컸다. 일본은 1985년 플라자 합의 이후 소니, 토요타 등 당시 잘나가던 수출기업들이 타격을 입었다. 엔고로 인한 불황이 걱정된다는 이야기에 중앙은행은 1985년 금리를 5%에서 2.5% 인하를 감행하며 강력한 경기부양 의지를 보여줬다. 당시 일본 니케이지수는 1985년 13000포인트로 마감한 후, 1987년 1월 30일에는 2만 포인트를 돌파했다.

파격적인 금리 인하와 기업의 실적 증가로 인해 주식시장에 돈이 유입되고 강세를 보이는 것은 매우 환영할 일이었지만, 문제는 그 속도가 너무 빨리 진행된 것이다. 경기주기가 회복 국면에 접어들며 일본 중앙은행은 금리 인상 카드를 꺼내는 게 상식이었다. 그러나 이상하게도 기준금리는 2.5%에 고정되어 있었다. 그 이유로 1987년 10월 19일 월요일 하루 동안 미국 주식시장이 대폭락한 사태(다우존스 산업 지수가 하루만에 -22% 하락)였던 '블랙 먼데이'를 든다. 여기서 금리 인상을 단행하면 대공황으로 이어질 수 있다는 두려움이 금리 인상을 머뭇거리게 만들면서 그 타이밍을 놓쳐버린 것이다. 금리 인상을 하지 않고 금리를 동결하는 동안 일본 주식시장에는 어마어마한 돈이 풀려 자산시장에 거품이 낀 상황이었다. 결국 뒤늦은 금리 인상은 일본 경제의 버블 붕괴로 이어졌다.

경기가 강세 국면일 때는 버블로 이어지지 않도록, 하강 국면일 때는 완만히 연착륙할 수 있도록 금리 등을 적절한 타이밍에 조절을 해주는 것이 정부의 역할이다.

현재 전 세계는 금리 인상 방향으로 가고 있고, 그 속도는 완만히 조절될 것이다. 그렇다면 미국을 중심으로 전 세계가 금리 인상 카드를 꺼내고 있는 지금 이 시점은 경기순환 측면에서 보면 어느 시점일까? 정확한 예측은 필요 없다. 사실, 할 수 없다는 게 더 가깝다. 그저 주식투자자라면 현재 상황이 어느 시기쯤인지, 투자해야 할 때인지, 주식을 팔아야 하는 시점인지, 시류를 읽는 것이 더 중요하다.

현재 주식시장의 신용 규모가 사상 최대치다. 빚을 내서라도 주식투자로 돈을 벌고 싶어 하는 사람이 그만큼 많다. 돈을 벌고 싶어 하는 욕구가 많을수록 주식시장은 조정하되 결국 상승한다. 전 세계가 제로금리 시대를 종결하고 점차 금리를 인상하는 시기이며, 주식투자를 하고자 하는 사람이 많기 때문에 침체기는 아니다.

상장기업들이 사상 최대 영업이익을 올리고 있다. 국민소득도 3만 달러를 코앞에 두고 있고 금리도 오르는 추세다. 지수는 겨우 박스피를 돌파해놓은 상황이지만, 지금은 엄연한 초기 회복 국면이다. 주식투자자에게는 매우 중요한 시기에 와있는 것이다.

주식시장이 앞으로 몇 % 오른다, 안 오른다가 중요한 게 아니다. 그것은 정확히 예측할 수 없다. 오늘내일이 중요한 게 아니라 최종적으로 가느냐가 중요하다. 중장기 투자자라면 현재의 경기 주기의 위치를 알고, 그걸 알았으면 시간을 무기 삼아 기다리면 된다.

· 03 ·
돈의 움직임을 보려면 환율을 보라!

$1가 1,000원이었다고 가정할 때, 환율이 상승한다는 것은 $1가 1,000원 이상으로 올랐다는 것이고 원화 가치가 평가절하되었다고 말한다. 반대로 환율이 하락했다는 것은 $1가 1,000원 이하로 하락했다는 것이고 원화 가치가 평가절상되었다고 말한다.

대부분이 이해하고 있는 환율 상식은 다음과 같다.

"환율이 상승하면 수출이 증가하고, 기업의 이익이 증가해서 주가가 오른다. 반대로 환율이 하락하면 수출이 감소하고, 기업의 이익이 감소해서 주가가 내린다."

과연 그럴까? 정답은 그럴 수도 있지만, 아닐 수도 있다가 현명한 대답이다. 즉 환율은 주가의 하락요인이 되기도 하고, 상승

요인이 될 수도 있다.

2003년~2007년 대세 상승장이 왔을 때는 일반 상식과는 다르게 환율이 하락했다. 경제는 양면성을 가지고 있기 때문에 원화가 약세일 때 이득을 보는 기업이 있는 반면에 원화가 강세일 때 이득을 보는 기업도 있다.

환율과 주가는 기본 상식을 벗어난다. 원/달러 환율(달러를 원화로 바꿀 때)이 하락한다는 것은 우리나라에 보유하고 있는 달러의 양이 많아졌다는 것이다. 기업이 외국에서 달러를 벌어왔거나 외국인이 달러를 가지고 한국에 들어온 경우다. 2003년의 경우 조선, 해운, 철강, 중공업 분야 기업들이 이에 해당한다. 기존 환율상식과 다르게 주가는 크게 상승했다.

외국인이 한국주식을 매수하려면 달러를 원화로 바꾼다. 매수 이후 환율이 하락하면 외국인의 환차익이 늘어난다. 주가가 오르지 않더라도 환차익만으로 돈을 벌 수 있다. 외국인은 아마추어가 아니라 프로다. 외국인이 투자해서 수익 0% 내는 게 더 어렵다. 주가가 그대로라도 배당금과 환차익을 얻을 수 있다면 충분히 해볼 만한 투자다. 반대로 한국인이 해외주식에 투자할 때도 환율을 고려해야 한다. 예를 들어 해외주식으로 10% 수익을 올려도 환율에서 -5% 손실을 기록하면 총 수익은 5%가 된다. 여기에 각종 수수료를 떼면 수익률은 더 떨어진다.

한국증시는 외국인이 차지하는 비중이 높기 때문에 외인의 투자지표로 환율을 이해하는 것이 중요하다. 내국인과 다르게 외국인은 환차손익이라는 리스크를 추가로 짊어진 채 한국증시에 투자하고 있기 때문에, 환율에 민감하게 반응한다. 더욱이 한국시장은 여전히 불완전한 신흥국 시장이기 때문에 환율변동이 상대적으로 큰 편이다. 해외자본은 기본적으로 환율이 하락해야(원화 가치 상승) 유리하다. 그들은 원화를 평생 가지고 있지 않다. 언젠가는 달러로 바꿔 다시 고국으로 돌아가는 투자자다.

환율을 보는 것은 국가의 수급을 파악하기 위함도 있다. 바로 돈의 움직임이다. 시황을 볼 때 가장 기본이 되는 것이 환율이다. 모든 환율은 미국의 달러를 중심으로 움직인다. 만약 돈이 달러로 몰리게 되면 시중에 유동성이 부족해져 세계 경기가 위축된다. 그래서 "달러 자산에 투자하라."는 말은 경기가 전반적으로 어려울 것이고 유동성도 풍부하지 않을 것이란 계산이 깔려있는 판단이다.

반대로 달러가 시장에 풀리면 전 세계에 돈이 돌고 유동성이 좋아지면서 세계 경기에 긍정적인 영향을 미친다. 현재는 달러가 밖으로 풀리면서 그 돈들이 유럽, 그리고 한국과 일본을 포함한

아시아 국가들로 이동하고 있다.

그동안 환율이 국가 경제에 미쳤던 영향을 살펴보자. 플라자 합의 이후 비싸진 일본 제품 말고, 한국 제품을 한 번 써볼까 하는 인식이 늘어났다. 사상 최대 무역흑자에 따라 주식시장도 처음으로 대세 상승을 경험했다. 1988년 서울올림픽을 성공적으로 개최하며 국민들은 그렇게 한국 경제가 하늘로 오르는 줄 알았다.

그러나 90년대 들어와서 대중음악은 최고의 전성기를 맞이한 반면 한국 경제는 경상수지 적자가 지속됐다. 그런 가운데 외환보유가 계속 감소하며 해외자금 조달에 조금씩 문제가 생기기 시작했다. 한국의 경상수지 적자에 결정적인 원인을 제공했던 것은 중국의 강력한 위안화 약세 정책이었다.

엔고를 발판으로 고속 성장을 했던 한국은 90년대 위안화의 역습을 맞았다. 더불어 미국은 세계 경기 악화에 따라 달러의 공급을 크게 줄이면서 해외수출에 의존하던 한국 경제를 더욱 어렵게 만들었다.

중국은 90년대 본격적으로 자본시장을 개방하면서 "세계에서 가장 싸게 상품을 생산하는 곳으로 만들겠다."선언했다. 이에 따라 한국과 일본의 자본수지는 급격한 적자로 전환됐다. 그러나 불행인지 다행인지 외환위기로 원화 환율이 800원대에서 2,000원대까지 급등하면서, 일본 무역 경쟁력이 다시 회복되고 중국과의 환율 격차를 좁히는 긍정적인 요인으로 작용했다.

외환위기가 가져온 원/엔 환율 상승은 삼성전자가 샤프, 도시바, 소니, 캐논을 제치고, 현대차가 토요타를 제칠 수 있는 발판을 마련해주었다. 물론 기업의 혁신을 통해 일본 기업들을 따돌린 것도 있지만 그럼에도 불구하고 환율의 도움이 없었다면 쉽지 않았을 것이다.

90년대 주식시장은 80년대 후반 버블(88올림픽 상투)에 의한 조정 국면과 중국이 전 세계에 등장하며 위안화의 역습으로 위기를 겪었다. 98년 외환위기 이후 세계 경기 호황과 환율 이점을 등에 업고 한국은 2003년부터 2007년 동안 2번째 대세 상승장을 맞이했다. 그러다 2008년 미국발 금융위기로 휘청했다가 전 세계 경기가 회복하는 동안 박스피를 유지했다. 그동안 다른 신흥국 지수들이 박스피도 버티지 못하고 하락한 것과 비교하면 상대적으로 선방한 셈이다.

· 04 ·
금리 인상은 악재일까?

주식을 사려는 사람이 많아지면 주가가 올라가고, 팔려는 사람이 많으면 내려가듯이 돈을 맡기려는 사람이 많으면 이자율이 낮아지고, 돈을 빌리려는 사람이 많으면 이자율이 높아진다. 돈을 빌리려는 사람이 많다는 것은 경기가 좋아지고, 투자를 확대하려는 사람이 많아지고 있다고 보면 된다. 따라서 금리를 인상하는 초기 국면은 세계 경제의 회복 신호라고 볼 수 있다.

대부분 진실이라고 믿고 있는 것들이 때로는 우리를 속이기도 한다. 일반적으로 "미국금리가 인상되면 외국인이 돈을 찾아 한국시장을 떠날 것이다."이다. 그러나 앞서 환율 편에서 본 것과 같이 답은 없다.

한국 금리 변동

종합주가지수

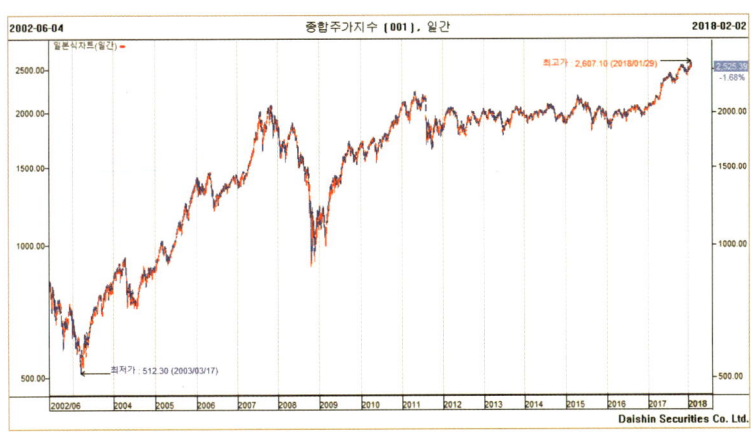

미국이 금리를 인상하던 2003년부터 한국은 대세 상승장

을 겪였다. 오히려 2008년에 금리를 급격히 인하하는 과정에서 한국장도 하락했다. 그리고 제로금리 시대엔 지수가 정체했다. 2017년부터 제로금리 시대를 종결하고 금리를 인상하는 국면으로 가더니 한국장도 상승을 보인다.

다우존스 산업지수

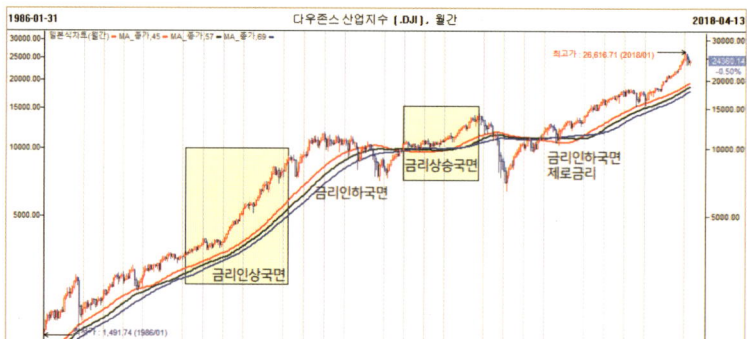

금리와 주식시장의 상관관계는 역사적으로 봐도 그리 단순하지 않다. 다우존스를 보면 주가가 금리에 연동해 움직이지 않는다는 사실을 알 수 있다.

중요한 것은 금리 인상의 속도와 타이밍, 그리고 경제와 기업 간의 관계다. 그런데 이것은 너무나도 복잡하기 때문에 굳이 이것을 맞추려고 하기보다는, '지금 그래서 추세를 만들고 가는 종목이 무엇인가? 추세가 전환된 종목은 무엇인가? 주도업종이 무엇인가?'에 더 초점을 맞추는 편이 투자 성공 확률을 높일 수 있다.

지수가 오른다고 모든 종목이 다 오르는 것은 아니며 반대의 상황에서 모든 종목이 다 나빠지는 것도 아니다. '금리 인상이 좋다, 나쁘다.' 이런 뉴스에 빠져들지 말고, 주식시장에 집중하는 것이 더 현명한 투자자의 자세가 아닐까?

금리 인상에 예외적인 경우가 있는데 첫째는 치솟는 물가 때문에 경기둔화를 각오하고 어쩔 수 없이 올리는 경우다. 둘째는 저금리, 저물가인 상황에서 경기회복을 위해 인하하는 경우다.

경기가 회복되고 있다는 것은 기업의 상품 판매량이 증가해 소비심리가 점차 회복되고 있다는 것이고 물가가 오른다는 것은 기업이 판매하는 제품가격(생산자물가지수)이 오른다고 이해하면 쉽다.

주가는 꼭 실적과 재무제표로 올라가는 게 아니다. 당연한 말이겠지만 주식을 사는 사람이 많아야 올라간다. 실적이 하나의 이유가 될 수는 있어도 원인은 아니다. 실적이 아무리 좋아도 그 주식을 사려는 사람이 없으면 올라가지 않는다. 그래서 수급을 보지 않고 오로지 투자지표로 실적을 보고 주가 상승을 해석하면 고점에 사는 경우가 많다.

돈을 빌리려는 사람(수급)이 많으면 많을수록 금리가 높아지는 것이 시세의 이치다. 주식 가격도 결국 수요와 공급, 사려는 사람과 팔려는 사람 간의 팽팽한 힘겨루기를 통해서 가격이 결정된다.

인플레이션 구간(강세장)에서 현금을 보유하고 있으면 주식, 부동산 등 실물자산을 보유한 사람들에 비교해 상대적으로 손해를 볼 수밖에 없다. 그래서 돈을 빌려주는 사람은 채무자에게 물가상승으로 돈의 가치가 하락하니, 그에 대한 손해배상 개념으로 이자를 받겠다고 하는 것이다. 미국이 금리 인상을 하는 표면적인 이유로 경기가 회복되고, 소비가 활성화되기 때문이라고 하지만 결국엔 물가상승 때문이다. 물가를 잡으려고 하는 것이다. 인플레이션은 금리 상승을 초래한다.

미국의 금리 인상을 두고 가계부채가 1,000조 원이 넘는 와중에 금리마저 인상하면 어떻게 되겠느냐며 갑론을박을 벌이고 있다. 지금까지 저성장, 저물가를 핑계로 저금리 기조를 유지해왔지만 앞으로 경기회복과 물가상승으로 인해 저금리를 유지하기가 다소 부담스러워진 것은 사실이다. 그러나 금리를 올린다는 것은 주식시장에 매우 긍정적인 신호탄이라고 볼 수 있다.

금리가 오르고 주식시장 상승이 예상되면 현금을 보유한 사람은 주식을 사려 할 것이다. 그렇다면 돈이 없는 사람은 오르는 주가를 그저 바라만 보고 있을까? 아니다. 빌려서라도 주식을 사려고 할 것이다. 강세장이 진행될수록 주식시장의 신용잔고는 상상을 초월할 정도로 증가한다. 주식을 사기 위해 돈을 빌리려는 사람이 많아지게 되고 이때 돈에 대한 수요와 공급의 법칙에 따라 이자율은 상승하게 된다.

그러나 금리를 올리든 말든 그것이 주식시장과 무슨 상관일까? 금리와 상관없이 가는 종목은 간다. 지수와도 상관없다. 이게 주식투자의 진실이다. 주식투자자라면 경제 전문가의 의견과 경제지표는 상식적인 수준에서만 이해하고 거기에 너무 심취하지는 말아야 한다. 어차피 50%의 확률이고 누구도 100% 확률로 맞출 수는 없다.

· 05 ·

인플레이션 시대, 나의 돈을 지켜라

최근 최저임금의 급격한 인상에 따라 물가상승의 속도는 더 빨라질 전망이다. 아이러니하게도 임금인상에 따른 수혜는 오히려 근로자보다 자산가가 더 많이 받는다. 시급과 임금이 오르면 물가가 상승하게 되고 화폐가치는 점점 더 떨어진다. 여기서 문제가 발생한다. 서민들은 보통 자산의 형태가 주로 현금이다. 대부분 예금, 적금이 전부이며 일부는 전세금과 같은 목돈 구조로 되어있다. 이는 모두 현금성 자산이다. 향후 물가상승이 급격한 속도로 진행된다면 현금 보유로 인한 타격은 불가피하다.

물론 부자들도 현금성 자산이 있겠지만 주식, 부동산 등의 재화가 더 큰 비중을 갖고 있다. 이러한 재화가치는 물가상승에 따라 평균적으로 점점 더 상승한다. 따라서 물가상승이 진행돼도 자산에 타격이 없다. 임금 상승 증가분만큼의 소득을 재화로 바꾸지 않는다면(근로소득을 자본소득으로) 오히려 내 삶이 더 어려워질 수도 있다는 사실을 상기할 필요가 있다.

보통 부자들에게는 부채도 많은 편인데 이 부채의 가치도 물가상승에 따라 이득이 된다. 예를 들어 100억 원짜리 부동산을 50% 대출받아 매입했다고 가정해보자. 화폐가치가 하락하면 대출받은 50억 원의 가치는 떨어지는 반면, 물가상승으로 부동산 가격은 오른다. 인플레이션 국면에서 화폐를 재화로 바꾸어 나가야 하는 이유다. 그렇다고 무작정 재화로 바꾼다고 오르는 것은 아니니 주식이든 부동산이든 철저한 공부가 바탕이 되어야 한다.

인간이 한평생을 살면서 직면해야 하는 어려움 중 하나가 바로 물가상승이다. 물가상승은 아주 서서히 진행되기 때문에 눈에 띄지 않는다. 게다가 소득은 더디게 오르면서 서민들의 생활을 어렵게 만들고 있다.

노후준비에서 간과하기 쉬운 것이 바로 물가다. 은퇴 후 특별한 소득 없이 연금으로만 생활한다면 물가상승의 문제는 생각보다 큰 문제다. 노후 빈곤은 돈의 부족을 떠나서 바로 이러한 물가상승에 견인되는 경우가 더 많기 때문이다.

자본금이 부족해 부동산은 어렵고 그나마 접근하기 쉬운 주식도 막상 해보면 만만치 않은 게 현실이다. 주식 공부와 종목 선정에 어려움이 있다면 워런 버핏의 조언처럼 지수를 추종하는 인덱스펀드에라도 매달 월급의 일부분을 떼어 적립식 투자를 하는 것을 추천한다. 자본주의 사회에서 물가상승을 마주해 좀 더 편안한 노후를 맞이할 수 있는 길이다.

한국시장을 보면 최근 ETF(상장지수펀드로 특정지수를 모방한 포트폴리오를 구성하여 산출된 가격을 상장시킴으로써 주식처럼 자유롭게 거래되도록 설계된 지수상품. 출처: 지식경제용어사전)가 많이 상장되어 있는데 그중에서 한국의 대표적인 우량주를 모아놓은 KODEX 200과 TIGER K-TOP 30이 있다. 종목 선정과 진입 타이밍에 어려움을 겪고 있는 투자자라면 관심을 가져볼 만하다.

장기적으로 우상향한다는 믿음이 있다면 매달 특정한 날짜를 잡고 적립식 투자를 하는 것도 좋다. 그러나 조금 더 좋은 매수 타이밍을 잡고 싶다면 지수를 추종하는 ETF는 그리 어렵지 않다. 세계 문명은 어제보다 오늘, 오늘보다 내일 진보한다는 믿음으로 시장이 어떤 특별한 외부변수로 인해 출렁거릴 때마다 사서 모으면 된다.

나는 재작년부터 한국지수를 추종하는 TIGER K-TOP 30과

KODEX 200을 시장이 조정받을 때마다 꾸준히 사서 모으면 좋을 종목으로 추천했었다. ETF는 운용하는 운용사가 알아서 종목을 교체해준다. 이는 마치 야구게임은 계속 이어지는데 선수들만 교

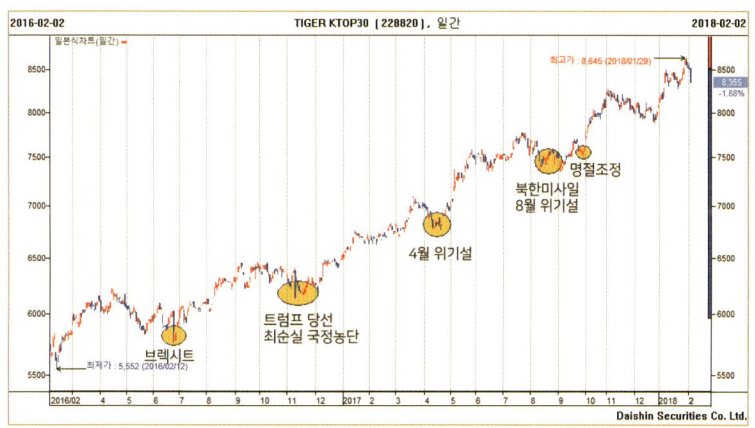

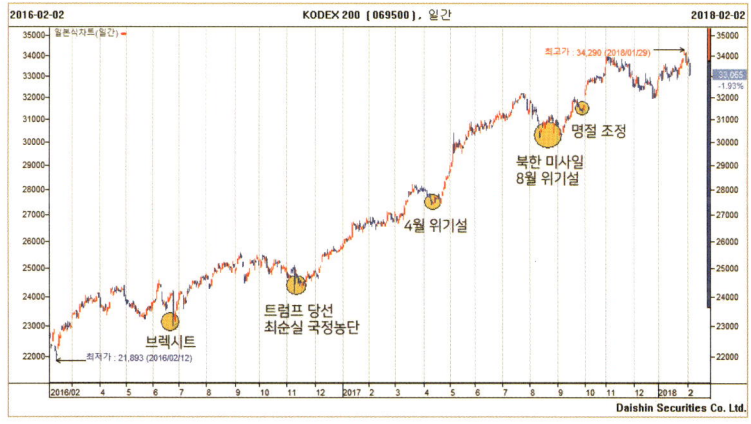

Chapter 3 경제를 읽는 투자자의 시각

체되는 방식이라고 보면 된다.

버핏은 한 가지 재미있는 내기를 공개적으로 제안했다.

"10년간 인덱스펀드의 평균 수익률을 이길 자신이 있는 펀드매니저가 있다면 나와 수익률 내기를 하겠소?"

그동안 수익률에 자신만만하던 펀드매니저들도 이 내기에 쉽게 베팅을 하지 않았다. 유일하게 내기에 응한 사람은 테드 세이즈였고 각각 32만 달러를 걸었다. 결과는 어땠을까?

2008년부터 2016년까지의 수익률을 비교해보았을 때 테드 세이즈가 운용하는 펀드 수익률이 높을 때도 있었지만 결과적으로 연평균 수익률 7.1%, 총 수익률 85.4%로 워런 버핏의 승리로 끝났다. 테드 세이즈의 펀드 수익률은 연평균 2.2%에 불과했다. 내기로 딴 돈은 버핏의 약속대로 자선단체에 기부되었다.

초보이고, 어떤 종목을 어떻게 담아야 하는지 잘 모르지만 앞으로의 인플레이션으로 현금 가치가 점점 떨어지리라는 예상을 한다면, 워런 버핏의 조언이 도움 됐기를 바란다.

또한 해외주식을 사고 싶은데 개별종목으로 접근하기 어렵다면 그 나라의 우량주만 모아놓은 ETF도 모아볼 만하다. 한국 시장에 상장된 ETF로 일본은 KODEX 일본 TOPIX 100이 있고, 베트남은 KINDEX 베트남 VN30이 있다. 참고로 ETF는 거래량이 그리 많지 않은 편이기 때문에 조금씩 꾸준히 들어가는 매수전략이 좋다.

KODEX 일본 TOPIX 100

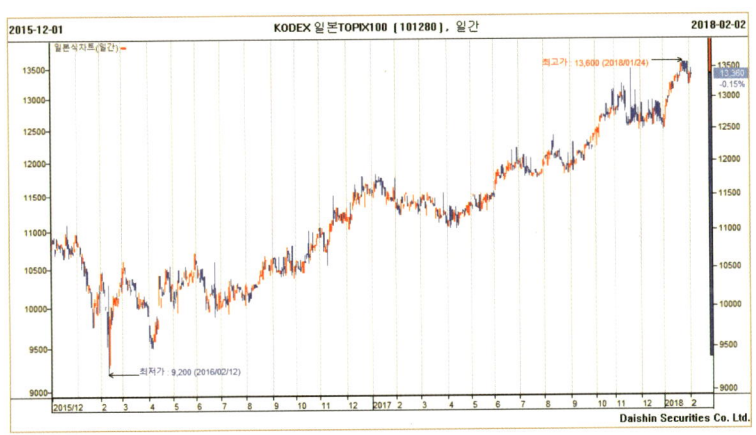

KINDEX 베트남 VN30

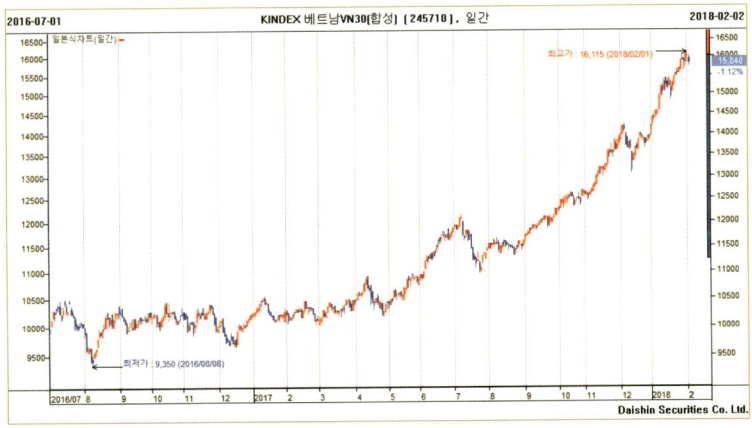

Chapter 3 경제를 읽는 투자자의 시각   177

현재 베네수엘라는 물가가 천정부지로 오르는 하이퍼인플레이션을 겪고 있다. 물가가 급등하는 가운데 국민들이 먹고살기 힘든 비참한 현실이 전개되고 있다. 아르헨티나도 여전히 물가 불안에 신음하고 있다. 만약 이들 나라의 국민들이 물가가 오를 때 본인의 자금을 인덱스펀드에 투자했더라면 삶은 크게 달라지지 않았을까?

앞으로 인플레이션 국면이냐, 아니면 디플레이션 국면이냐를 판단하는 것이 여러분의 부를 결정할 것이다. 현금이나 채권을 가진 자를 부자로 만들어 주느냐, 아니면 주식이나 부동산을 가진 자를 부자로 만들어 주느냐를 결정하기 때문이다.

지금은 4년 이상 지속된 디플레이션을 벗어나 인플레이션 국면으로 전환되는 중요한 변곡점이다. 따라서 인플레이션에 대한 자산 대비가 필요한 시점이며 자신이 보유한 자산의 형태에 중요한 변화를 주어야 할 시점이기도 하다.

디플레이션 국면에선 돈을 빌려 쓴 사람보다 돈을 빌려준 사람이 유리하다. 왜냐하면 싼 돈을 빌려주고 나중에 비싸진 돈을 받기 때문이다. 이 또한 물가 시세의 원리다. 이 시세의 원리를 적용하면 인플레이션 국면에서 가계 부채를 걱정하는 것은 기우가 된다.

한강의 기적은 초인플레이션이 가져온 결과라고 봐도 과언이 아니다. 한국은 공업화를 추진하기 위해 차관을 도입하였는데 1970년대 미국이 베트남 전쟁 비용을 충당할 돈이 떨어지자 금본위제를 폐지하고 달러 발행을 남발하면서 브래튼 우즈 체제가 붕괴했다. 본격적인 초인플레이션 국면이 오자 물가는 급등한 반면 한국이 빌려온 차관의 실질가치가 줄어들면서 거의 공짜로 남의 돈을 빌려 공업화를 추진한 셈이 되었다.

빌려온 돈을 가지고 공장을 지었는데 물가가 급등하니 공장에서 만든 상품은 물가가 반영되어 더 비싼 가격으로 팔려 나갔지만, 공장을 지으려고 빌린 돈의 가치는 더 하락하여 헐값이 되었으니 이른바 기적(?)이 일어났다. 당시 돈을 빌려 땅(부동산)을 사고 공장을 세운 사람(기업)들은 어마어마한 돈을 벌었다.

한강의 기적을 설명한 이유는 이를 투자에 적용하기 위함이다. 개인 차입이라 하는 것은 결국 은행대출을 의미한다. 언제 대출을 활용하여 투자해야 하는지 그 타이밍을 한강의 기적을 통해 찾을 수 있다. 바로 디플레이션에서 인플레이션으로 넘어가는 국면이다. 반대로 인플레이션에서 디플레이션으로 넘어가는 국면에서 무리하게 대출을 받아 투자한다면 신용불량자가 될 수도 있다.

장기간 물가가 낮게 유지되는 저물가 시대를 겪으면서 물가

상승에 둔감해지고 디플레이션에 적응이 되어 있지만 어느새 환경은 인플레이션으로 변해가고 있다. 어쩌면 전에 경험하지 못했던 높은 인플레이션이 도래할 수 있다.

현재 정부의 강력한 부동산 규제 정책으로 인해 부동산 시장이 얼어붙는 것이 아니냐는 우려도 있지만 인플레이션과 시세의 원리를 이해한다면 부동산 가격이 아무리 하락해도 전 세계 금융위기가 찾아오지 않는 이상 일정 가격 이상으로 떨어지긴 어렵다는 것을 알 수 있다.

주택가격을 아무리 내리고 싶어도 원자재 가격이 오르면 부동산에 쓰이는 자잿값이 올라 완성품인 부동산 가격이 내려가기 어렵다. 코카콜라 가격은 오르는데 부동산만 떨어진다? 과연 그게 가능할까? 본격적인 인플레이션 국면이 오기 전에 본인이 감당할 수 있는 수준까지만 대출을 활용해 내 집을 마련하는 것이 전세, 월세를 전전하는 것보다 유리하지 않을까 싶다. 만약 그렇게 빚을 안고 집을 산다면, 원금과 이자 상환에 대한 비중을 주식투자보다 더 많이 실어야 한다. 그런 다음 남은 돈을 가지고 주식을 매달 사서 모아 나가도록 하자.

Chapter 4

과거 흐름으로
미래를 예측하라

· 01 ·
한국증시에 처음 불어온 88 봄바람!

이번 챕터에서는 지난 35년 동안 주식시장의 대세가 어떻게 흘러왔는지 알아볼 것이다.

주식투자의 성패는 어디서 결정될까? 장기적으로 우상향하는 우량한 종목을 평균 근로기간인 25년 동안 꾸준히 사 모으면 된다. 또 하나 중요한 맹점이 있다. 그것은 바로 주식시장의 선택을 받은 주도주를 연속적으로 잡아내느냐에 따라서 주식으로 경제적 자유를 만드는 시간이 단축될 수 있다는 것이다.

주로 대통령의 임기 동안 주도주가 만들어진다. 주도주는 보통 3~4년 동안 10배에서 크게는 100배 이상 상승하는 종목을 말한다. 이런 종목들은 35년 동안 꾸준히 존재했다.

이 주식의 존재를 알고 있다면 앞으로 주식 공부를 하면서 쓸 데없이 주식시황을 살펴보지 않게 될 것이며 경제지표, 금리, 환율 등과 상관없이, 시장에는 오르는 종목이 있고 내리는 종목이 있다는 것을 알게 될 것이다. 지난 박근혜 정권 때도 세계 경제는 어렵다고 했지만 10배 이상 상승하는 종목들은 많이 나왔다.

종합주가지수(84년~92년)

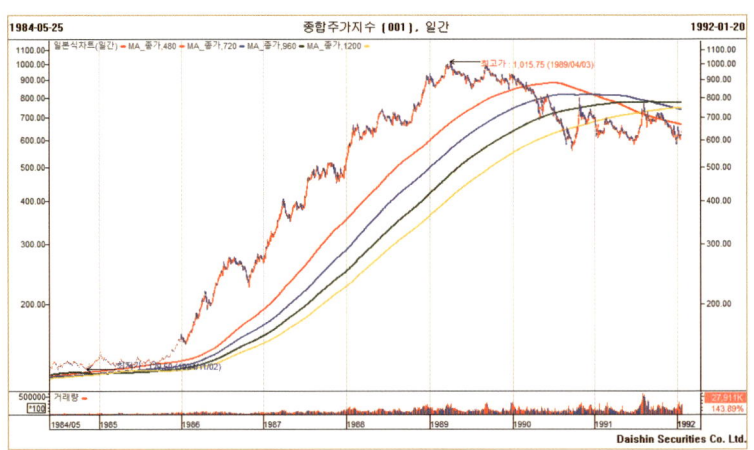

한국은 1986년 3저 호황(저금리/저유가/저환율)을 맞아 단군 이래 최고의 호황을 맞았다. 1950년 한국전쟁 이후 30년 동안 다져온 경제개발의 결실이 주식시장에 한번에 반영된 것이다. 주식은 조금씩 서서히 올라가는 게 아니라 한번에 오르는 속성이 있다.

반대로 안 오를 때는 기업의 가치와 상관없이 안 오른다. 단 한 번 오를 때 수익을 가져오려면, 오르기 전에 주식을 보유하고 있어야 한다. 보통 주도주가 되면 3년에서 4년 정도 올라간다.

1985년 131P로 시작한 한국증시는 88년 서울올림픽 이후 최초로 1000P를 돌파하며 코스피 지수만 무려 7배 상승을 하는 기염을 토했다. 7배라면 현재 코스피 지수 2500선이 17500P가 된 것이다. 그러나 올림픽 개최 이후 28년 동안 지수는 겨우 2.5배 오른 수준에 머물러 있다.

주가지수가 물가를 반영한다는 것을 감안하면 그동안 물가는 약 10배의 상승을 보인 것에 비교해 지수는 너무 안 올랐다. 이럴 경우 앞에서 말한 것처럼 오를 때, 짧은 기간 동안 한 번에 올라갈 수도 있다.

당시 폭발적인 지수 상승에 따라 주식시장의 규모도 대규모로 확대되었다. 상장된 기업 수는 300여 개에서 600여 개로 증가했고 시가총액 또한 올림픽 이후 6조 5천억 원 규모에서 95조 5천억 원 규모로 늘었다.

드라마 〈응답하라 1988〉에서는 당시 상황을 다음과 같은 대사로 표현하고 있다.

"여의도 증권가에서는 강아지도 주둥이에 10만 원짜리 수표를 물고 다닌다며? 주식이 미쳐 브렸어. 올라도 너무 올랐당께?"

당시 자료에 따르면 올림픽 이후 증권계좌 개설은 1900만 명으로, 전체 인구 절반에 육박하는 엄청난 규모였다. 국민들은 주가 상승에 열광하고 있었고 주식은 부자가 될 수 있는 확실한 수단임을 의심할 여지가 없었다.

일본이 1985년 플라자 합의를 통해 엔화의 가치가 상승하면서 상대적으로 같은 물건을 수출하던 한국에도 기회가 찾아왔다. 3저 호황까지 등에 업으면서 국내 상장 기업들의 실적은 많이 호전되었다. 그중에서 전기, 전자 업종은 한국시장의 주도주로 부상했는데 당시 삼성전자는 폭발적인 주당순이익 증가로 인해 주가가 10배 이상 상승했다.

삼성전자

주도주의 특징은 무엇일까? 주도주는 관련 업종을 집단으로 움직인다는 것이다. 예를 들어 전자가 오를 땐 전자업종만 오르고 제약, 바이오가 오를 땐 그 업종만 움직인다. 이때는 기업 가치와 상관없이 업종이 집단으로 움직인다. 따라서 기업 가치가 다소 부실하더라도 업종 분위기에 편승해 오르기도 한다.

삼성전자를 필두로 전자부품업종도 같이 올랐다. 대표적으로 삼성전관(현 삼성SDI), 삼성전기, 삼영전자 등이 우수한 실적을 바탕으로 지수 상승을 견인했다. 지금이야 이러한 기업들이 우량주라는 평가를 받지만 그때 당시만 해도 어디로 튈지 모르고 분석이 잘 안 되는 성장주였다.

주도주는 이미 성장이 끝난 우량주보다 앞으로 고성장이 예상되는 성장주에서 나온다. 따라서 누가 봐도 우량하다고 인정하는 종목도 좋지만 고개를 갸우뚱하는 종목에도 모험 투자가 필요하다. 슈퍼개미의 탄생과 큰 수익은 바로 여기서 나온다.

삼성전자가 대단한 점은 대한민국에서 시가총액이 제일 큰 우량주가 되었으면서도 여전히 영업이익률 10% 이상의 성장률을 보인다는 점이다. 보통 제조업의 성장률은 연평균 5%도 채 안 된다. 삼성전자가 그동안 꾸준히 우상향할 수 있었던 요인은 3차 산업혁명을 이끌었던 종목이었기 때문이다. 만약 삼성전자가 4차

산업혁명에서도 괄목할만한 존재감을 보인다면 지금의 상승추세가 꾸준히 이어질 가능성이 높다.

대세 상승장이 나오려면 두 가지가 유기적으로 연결되어야 한다. 먼저 기업의 실적이다. 주식시장에서 변하지 않는 사실은 실적 좋은 기업의 단기 주가는 예측하기 어려워도 결국 주가는 우상향한다는 것이다. 실적 장세가 먼저 오고 유동성 장세가 다음으로 온다. 유동성 장세는 실적과 상관없이 모두가 주식에 대한 환상을 가지고 있는 시기다. 이제는 실적과 상관없이 매도는 별로 없고 매수세만 강하게 들어오면서 수급으로 주가를 밀어올리는 장세다. 이 유동성 장세에서 주가도 제일 가파르게 오른다. 주식을 보유하면 수익이 제일 크게 나는 구간이다. 그러나 안타깝게도 이때까지 주식을 끝까지 보유하는 경우는 거의 없다.

주가가 오를 때는 왜 오르는지 정확히 알기 어렵다. 그러나 주가가 어느 정도 올라오면 언론을 통해 이유가 나오기 시작한다. 『투자의 네 기둥』이란 책을 보면 다음과 같은 구절이 나온다.

"한 세대에 한 번쯤은 시장이 미친 듯이 날뛸 것이다. 30년에 한 번쯤은 미친 시세가 나온다. 미리 대비하지 않으면 실패할 수밖에 없다."

시장이 죽어있어도 주도주는 나온다. 그러나 시장이 살아나고 있다면 더 많은 종목이 상승하기 때문에 내가 선택한 종목이 올라갈 확률도 그만큼 높아진다.

대세 상승장에는 한 업종만 가지 않는다. 여러 업종 군이 집단으로 간다. 그리고 순차적으로 움직인다. 가는 도중에 한 업종이 잠깐 쉬어도 다른 업종에서 지수를 받쳐주며 올라오는 방식이다.

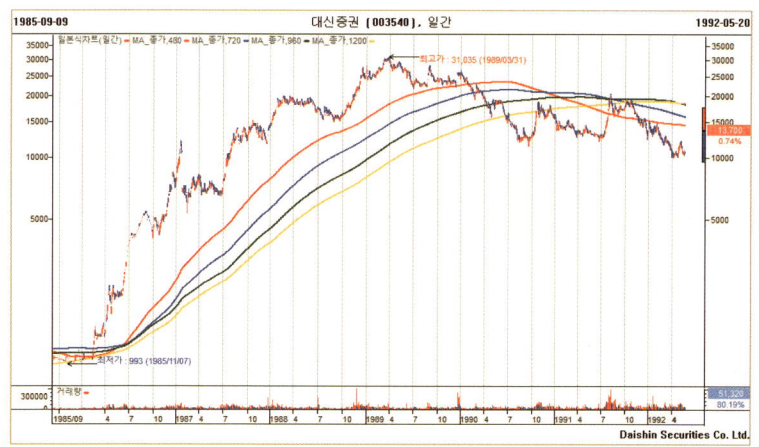

미래에셋대우

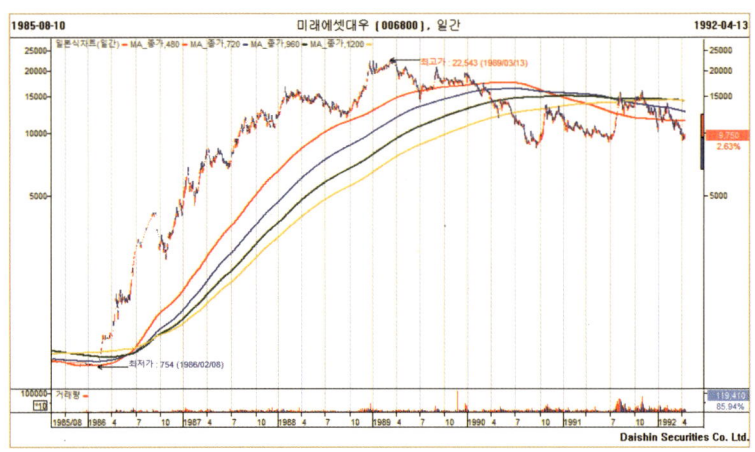

　　대신증권과 미래에셋대우(당시 대우증권)차트는 거의 같은 종목이라고 해도 믿어질 정도로 똑같이 움직였다. 당시 은행업종도 증권업종과 거의 비슷한 흐름을 보였다. 증권주가 시장의 대장주로 나서면서 유상/무상증자를 제외한 단순 주가 상승률만 봐도 약 20배에 해당하는 시세차익을 만들었다. 당시 자본자율화, 금융자율화 등의 정부 정책은 증권업종이 상승할 수 있는 명분을 제공해주었다.

　　한 가지 재미있는 사실은 은행, 증권 업종이 당시 4년 동안 20배 넘게 올랐지만, 30년이 지난 지금까지 그 고점을 넘지 못하고 있다는 것이다. 이것은 무엇을 의미하는가? 주도주를 수십 배, 많게는 수백 배 올라갈 때 보유하지 않으면 나머지 구간에서는 수익 내기가 어렵다는 걸 의미한다.

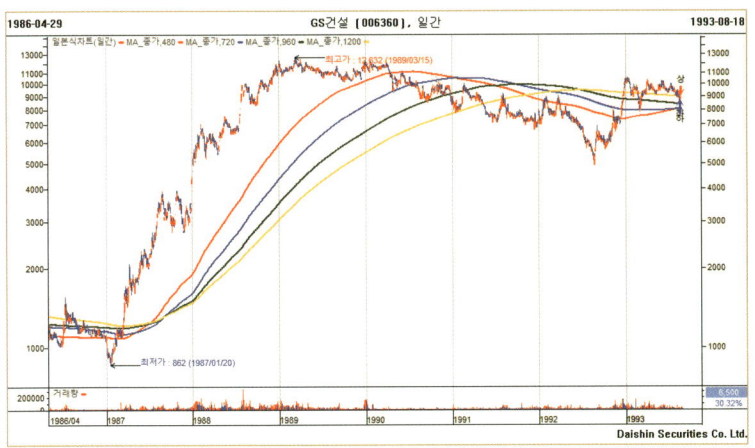

GS건설

 은행, 증권주 상승에 힘입어 건설업종도 대세 상승에 합류했다. 건설업종은 경기민감 업종으로 불린다. 1980년대 초반 건설 경기가 최악으로 치닫자 건설주의 주가는 고점 대비 1/10로 줄어든 상황이었다. 그러나 중동 특수라는 명분을 내세워 바닥을 치고 10배 이상 상승했다. 가장 고통스러운 구간에서 가장 빠르게 올라온 것이다.

 이점이 바로 주식투자가 어려운 점이다. 힘든 구간에서는 차마 매수할 수가 없다. 그리고 이렇게 치고 오를 때는 상승이 가파르고 빨라서 중간에 끼어들기도 쉽지 않다. 그러다 주가가 슬슬

지칠 때 들어가는데, 그땐 이미 상승이 끝난 뒤다. 많은 매매 경험과 훈련이 필요한 이유다.

흔히 주가가 기업의 가치에 따라 올라간다고 생각하기 쉽지만 꼭 그런 것은 아니다. 주가가 10배, 20배 올라간다고 해서 기업의 가치도 똑같이 올라간 것일까? 주가는 늘 기업의 가치에 비해 오버슈팅, 언더슈팅 한다.

언더슈팅 구간에서는 손절을 참아야 하고, 오버슈팅 구간까지 주식을 좀 더 들고 갈 수 있는 여유가 필요하다. 보통 오버슈팅이 나오려면 그 시대의 경제 상황, 사회적 트렌드, 투자자의 심리가 부합해야 한다.

· 02 ·
가치투자의 시작

90년대는 국민의 절반 이상이 주식계좌를 개설할 만큼 주식투자에 대한 관심이 높았다. 올림픽의 성공적 개최와 한국증시에 불어온 훈풍에 사람들은 흥분하기 시작했다. 그동안 주식이 무엇인지 잘 모르던 사람들까지 아침 일찍 나와 주식을 사려고 줄을 섰다.

그들이 사려는 종목은 명확했다. 이미 오를 대로 오른 은행, 증권, 건설업종이었다. 주식을 처음 접한 사람들은 주식이 요술 램프인 줄 알았다. 그러나 보유해야 할 구간에 보유하지 못한 대가는 너무 가혹했다. 그들에게 주식은 요술 램프가 아니라 절대 만져서는 안 되는 판도라의 상자였다.

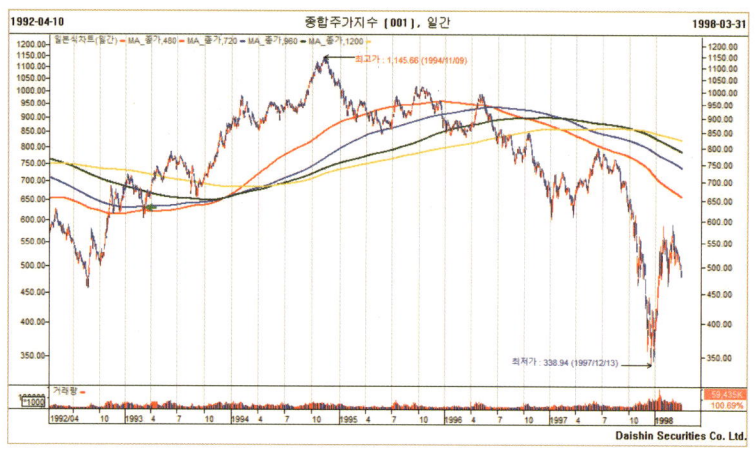

90년대 종합주가지수

　김영삼 정부 집권(1993.02~1998.02) 초기에는 당시 북한 김일성 주석 사망 전후로 위기감이 감돌던 시기였다. 금융시장도 소용돌이쳤다.

　80년대 후반의 대세 상승장과는 다른 분위기가 연출되었다. 임기 말에는 외환위기까지 불어 닥쳤지만, 시장의 어려움 속에도 주도주는 존재했다. 과거의 주도주는 아니었다. 새로운 업종 군에서 새로운 종목들이 주도주로 출현했다.

　1992년 정부는 "외국인도 한국주식을 살 수 있도록 문호를 개방하겠다."고 선언했다. 현재 메리츠자산운용의 대표 존 리 대표는 당시 미국에서 SK텔레콤 등 한국의 성장주를 담은 코리아펀드를 만들어 그야말로 대박을 쳤다. 이로써 세계 자본시장의 일부로 편입된 한국 주식시장은 전과는 다른 양상을 보이게 된다.

주식에 입문하면 배우는 투자지표(PER, PBR, ROE 등)는 당시 투자자들에겐 생소한 개념이었다. 외국인은 그런 선진금융기법을 한국에 가져와서 투자를 시작했다. 그들은 주로 주가수익비율(PER)이 낮은 저평가 종목에 주목했다. 당시엔 외국인이 주도하여 저PER 종목을 담으면 한국의 기관들이 뒤늦게 추종매수를 하는 일이 많았다. 이때부터 외국인을 '주도세력'이라고 불렀고, 기관을 '추종세력'이라고 불렀다.

당시 한국 시장에는 지금으로써는 믿기지 않을 PER이 1도 안되는 종목들이 많았다. 지금은 PER이 1 미만인 종목이 없다. 만약 그런 종목이 있다면 투자자들이 가만히 두지 않았을 것이다. 외국인은 철저하게 기업의 가치를 평가하여 투자할지, 말지를 결정했다. 그런 모습을 한국 투자자들은 그저 신기하게 지켜봤다. 주가가 기업의 가치보다 저평가된 저PER, 저PBR의 종목을 담는 투자전략은 외국인의 투자기법이었다.

이런 주식들을 사람들은 '자산가치주'라고 불렀고, 저평가라는 새로운 명분이 하나의 테마로 묶여 매우 강력한 주가 상승의 이유를 만들어 주었다.

태광산업은 대세 상승이 끝난 무렵부터 지수와 반대로 본격

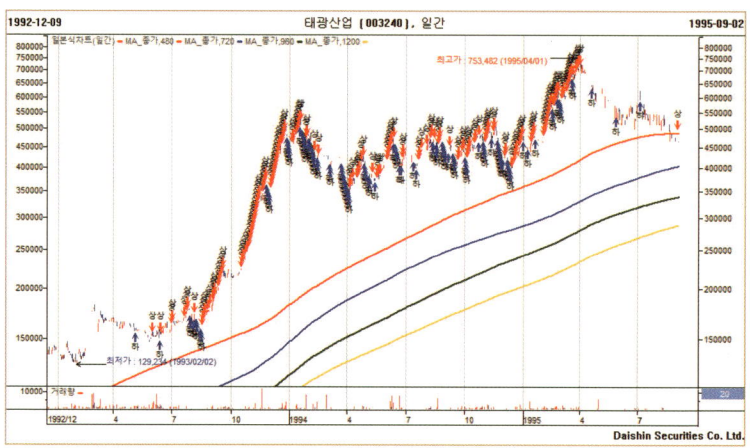

적인 상승을 시작했다. 지수가 상투를 치면 모든 종목이 다 하락할 거라고 생각하지만 실제로는 그렇지 않았다. 오히려 지수의 상투를 시작으로 바닥을 잡고 올라오는 종목도 많다.

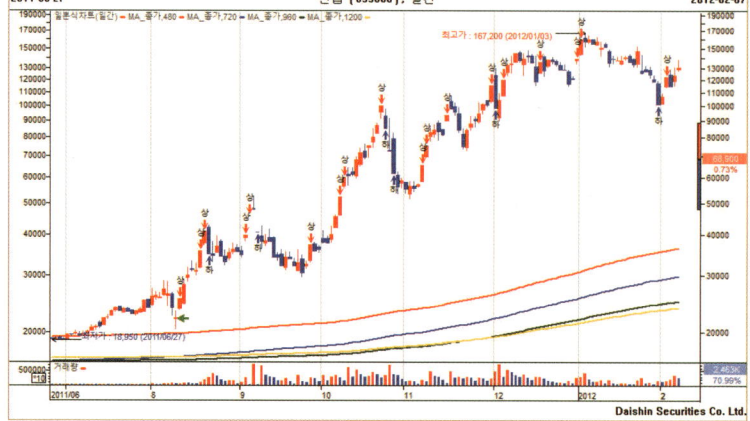

지수가 폭락해야 그동안 시장을 주름잡던 주도주가 바뀐다. 안랩도 2011년 8월 9일 유럽사태가 터지고 지수가 대폭락한 그 순간부터 바닥을 잡고 상승을 시작했다.

정치 테마주로 엮이며 상승 출발해 비록 짧은 5개월간 시장을 이끌었지만 약 8배 상승을 이루었다. 그 이전의 주도주는 기아차, 현대차, 현대모비스 등의 자동차업종이었다. 자동차, 화학, 정유업종에서 주식시장의 주도주 바통을 이어받았다. 이처럼 시장 주도주는 주식시장이 죽지 않도록 계속 연결되고 있다.

그러나 다음 주도주의 진짜 주인은 안랩이 아니었다. 안랩은 과거 주도주와 앞으로의 주도주를 완만하게 이어주는 역할에 불과했다. 주로 정치 테마주로 엮이는 종목들이 정권이 이행되는 기간 주식시장을 리드한다. 그동안 다음 주도주들이 준비를 한다. 그들의 역할은 정부의 주인이 바뀌는 혼란스러움 속에서 짧지만 강하게 주도주 역할을 해주는 것이다. 그다음 제약, 바이오업종에 주도주 바통을 이어주었다.

다시 태광산업으로 돌아가 보면 이 기업은 섬유업계에서 줄곧 1등 경쟁력을 가지고 있던 기업이었다. 그러나 섬유업종은 대표적인 사양 사업이 아니었던가. 개인투자자에게는 매력적인 기업이 아니었다. 그러나 이를 눈여겨보던 외국인은 이 주식을 조금씩 사서 모으기 시작했다. 김영삼 정권이 집권하던 1992년 2월에 129,000원 하던 주가는 1995년 4월 1일 753,000원까지 오른다.

지금도 여전히 재무구조가 우량하고 현재까지 대표적인 가치주로 평가받고 있는 태광산업이지만 앞서 힘을 너무 소진한 탓인지 그때만큼의 싱싱한 시세는 보여주지 못하고 있다. 그 외에도 만호제강, 대한화섬, 성창기업지주 등이 외국인의 자산가치주로 선택을 받으면서 김영삼 정부 주도주로 부상했었다.

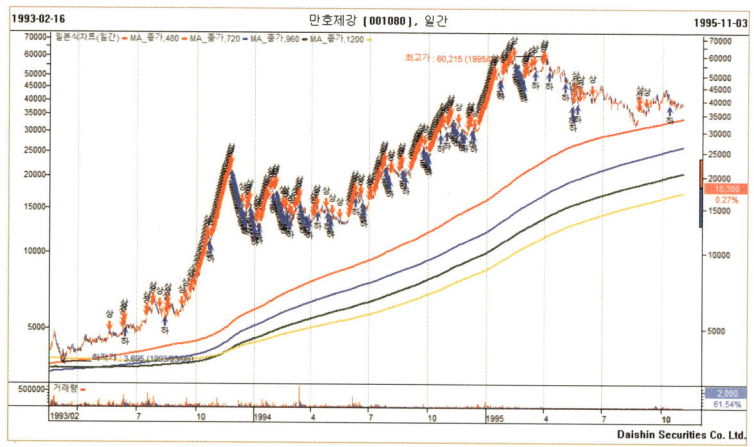

대한화섬

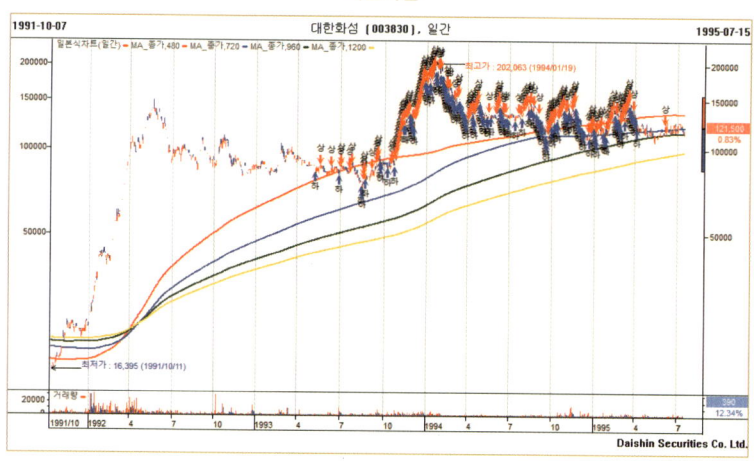

성창기업지주

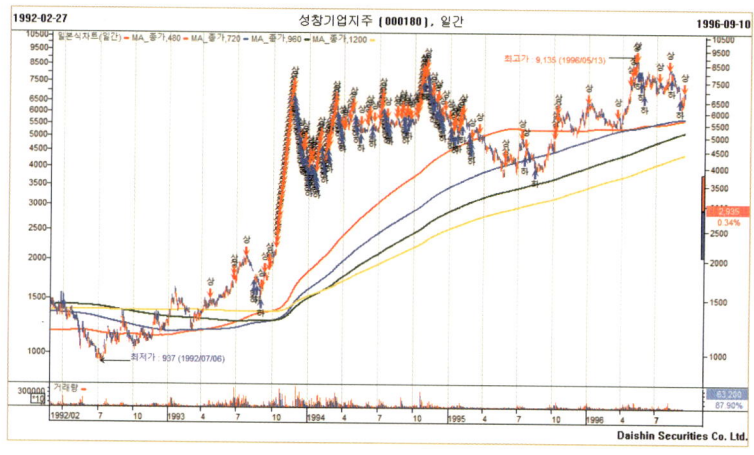

그 당시 지수는 대북리스크와 금융실명제 도입 등으로 혼란

Chapter 4 과거 흐름으로 미래를 예측하라

스러운 시기였다. 그러나 외국인은 주식을 대량으로 소유하면 안 된다는 금융법이 폐지되면서 적대적 M&A가 많아질 거라 판단해 순자산이 뛰어난 종목들에 주목하지 않았나 싶다.

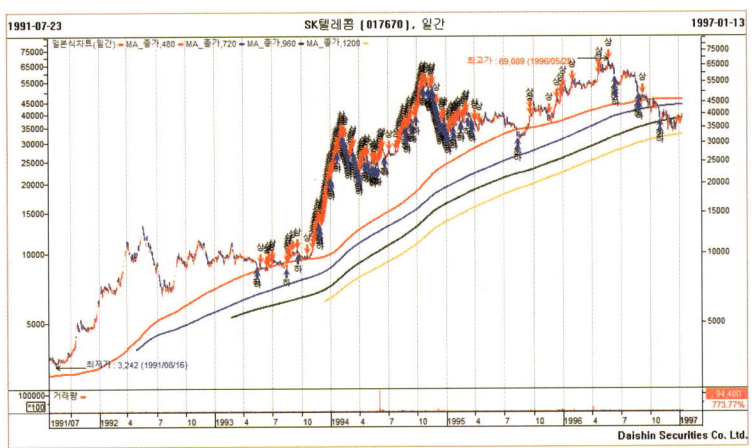

SK텔레콤

특히 SK텔레콤은 김영삼 정부의 핵심 주도주 역할을 했다. 당시 장기투자라는 문화가 없었다. 실제 이 종목을 통해 진짜 많은 돈을 번 투자자는 이 주식을 계속 보유하고 있었던 대주주뿐이었다는 후문이다. 그리고 개인투자자로는 시골 의사로 유명한 박경철 원장이 있다. 그는 이 투자로 주식부자에 이름을 올렸다.

· 03 ·

외환위기로 죽은 시장 벤처가 살려내다

90년대 중국은 본격적으로 시장을 개방했다. 중국 입장에서는 모든 것이 한국, 일본에 밀렸다. 당시 그들이 쓸 수 있는 카드는 하나밖에 없었다. 바로 가격경쟁력이었다. 위안화를 인위적으로 계속 평가절하시켰다. 중국은 값싼 노동력을 바탕으로 전 세계의 공장이 된다. 한국과 일본에 투입될 자본들이 중국으로 가기 시작했다. 세계 경기마저 어려워지면서 한국은 수출이 어려워졌고 일본의 기술력, 중국의 가격에 밀렸다. 80년 후반 최고의 호황을 경험했던 한국 경제는 중국을 둘러싼 아시아의 4마리 용과 함께 몰락했다.

1997년 1월 23일 한보철강(현 현대제철)의 부도를 시작해 한보건설을 포함한 한보그룹이 최종 부도 확정되었으며 삼미그룹, 진로그룹, 한신공영그룹, 기아그룹, 쌍방울그룹, 해태그룹, 한라그룹 등이 줄줄이 부도했다. 영원히 망하지 않을 것 같았던 기업들이 줄줄이 부도 처리가 되면서 고성장하던 대한민국 경제는 큰 패닉에 빠졌다.

새로 집권한 김대중 정부(1998.2~2003.2)는 IMF 사태를 빠르게 벗어나고자 주가를 부양해야만 했다. 코스닥 시장의 규제를 대폭 완화했으며 정부 주도의 신산업 육성 정책이란 타이틀을 내걸었다. 현 문재인 정권이 내놓은 코스닥 활성화 정책은 바로 이때의 모델을 바탕으로 한 것이다.

외환위기 이후 글로벌 투자자들은 앞다퉈 수백만 달러를 챙겨 한국시장을 빠져나갔지만 역발상 투자의 대가로 불리는 존 템플턴은 "최고로 비관적일 때가 가장 좋은 매수 시점이다."라며 한국이 IMF에 구제 금융을 신청했던 바로 그 시점에 수백만 달러를 투자했다.

당시 외환위기는 일시적 외화 부족으로 발생한 사건이다. 일단 IMF의 차입금으로 부도 위기를 모면한 후 수출을 최대한 독려하고 수입을 억제하는 경상수지 관리만으로 3, 4년이면 충분히 상환할 수 있는 경제력을 가지고 있었다.

그러나 외환위기 조기 탈출 정책기조를 내걸었던 정부는 조금 더 속도를 내고 싶어 했다. 외환위기 상황에서도 경영상 큰 문제가 없었던 POSCO나 재벌기업들에 주식을 최대한 외국자본에 팔아서 빨리 외화를 장만하라고 압력을 가했다. 그 결과 지금은 재벌기업들의 최대주주가 외국인이 되어버렸다. 국내 기업이 아닌 다국적 기업이 되어 있는 실정이다.

그런데도 국민들이 우리나라 기업으로 인식하고 있는 이유는 주식과 지분율에 대한 인식이 부족하기도 하고, 겉으로 보이기엔 본사가 한국에 있고 경영권을 창업주의 2, 3세대가 행사하고 있기 때문이다. 지금까지는 대주주 외국인이 2세대들의 경영권만은 지켜주었지만 3세대는 경영능력에 따라 경영권은 얼마든지 위협 받을 수 있는 처지가 되었다.

또한 한국 정부의 정책이 마음에 들지 않는다며 본사를 한국이 아닌 다른 곳으로 옮기자고 주주권을 행사하는 날에는 기업도, 정부도 법적으로 이를 막을 도리가 없다. 회사의 주인은 대주주이지 재벌도, 정부도 아니다.

정부는 외환위기로 인해 실의에 빠져있던 국민들에게 주가부양의 카드를 써서 희망의 메시지를 던져주려고 했다. 당시 정부는 자본금이 적게 들어가는 IT와 벤처 육성을 정책 기조로 내세웠다. 그러면서 자연스럽게 코스닥은 IT 중심 랠리가 이루어졌다.

위기의 구원투수로 등장한 대표적인 종목은 새롬기술(현 솔본)과 한글과컴퓨터였다. 새롬기술은 약 3개월 만에 공모가(2,300원) 대비 134배라는 놀라운 상승률을 기록했다. 당시 큰돈을 벌어 직장을 그만둔 사람도 많았다.

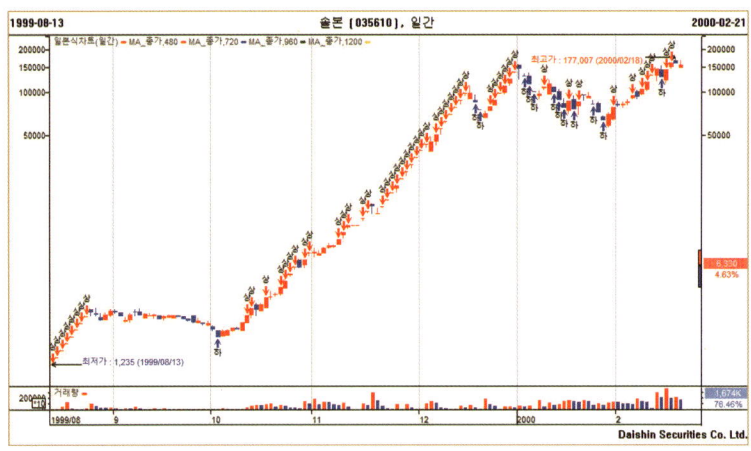

참고로 당시 상한가 제한폭은 11%였다. 일부 사람들은 더 이상 외환위기로 인해 실의에 빠지지 않았다. 80년대 후반처럼 다시 주식시장에서 희망을 보기 시작했다.

1,000원짜리 주식이 5,000원이 되면 이미 많이 올랐다고 생각하기 쉽다. 하지만 5배가 오르든, 10배가 오르든 상승추세가 계속된다면 주식을 보유해야 한다.

일봉을 기준으로 주가가 계속 오르고 있을 때는 팔면 안 된다. 반대로 얘기하면 상한가가 계속 나오더라도 하락이 나오지 않는 이상 팔지 않는 것이다. 솔본은 1999년 12월 16일 처음 하종가를 맞았다. 그리고 다음 날도 맞았다. 과거 흐름에는 보이지 않던 주가 흐름이다. 그러면 여기서 팔아야 했을까? 아니다.

그동안 전 종목 차트를 반복해 보면 대세 상승을 하던 주가의 일정한 패턴을 발견할 수 있다. 하락하더라도 다시 전 고점 부근까지 올라간다는 것이다.

주가를 움직이는 것은 결국 큰돈이 있는 자본 세력이다. 그들도 고점에서는 가지고 있던 주식을 전부 팔기 어렵다. 결국 분할해서 팔아야 하는데 주가가 계속 내리기만 하면 그들도 낮은 가격에서 주식을 계속 팔아야 한다. 어차피 팔 주식이라면 또 고점에서 팔면 좋지 않은가.

그들은 주가를 움직일 힘이 있다. 일부 주식을 다시 매수하여 주가를 끌어올린 다음에 더 많은 주식을 고점에서 파는 걸 반복한다. 그러다 보면 주가를 다시 올릴 주식이 남아 있지 않을 것이다. 그 순간에 주식을 전부 매도하고 빠져나오면 그다음부터 주가가 힘을 잃고 하락하기 시작한다.

그러다 12월 23일에 결국 전 고점까지 올라왔다. 여기를 쌍봉의 위치로 본다면 투자자는 다시 결정을 내려야 한다. 하종가가

2번이나 있었지만 분명히 예전의 흐름과는 다르다. 그러나 하락이 그렇게 크진 않았다.

과연 이것을 상승의 끝으로 볼 것인가, 아니면 계속 이어지는 상승추세의 조정으로 볼 것인가? 잘 확신이 서지 않는다면 일부만 매도하고 나머지는 계속 보유한다. 12월 24일에 결국 전 고점을 넘었다. 이럴 땐 보유한 물량만 가지고 있어야 한다. 매도한 주식을 다시 사긴 어렵다. 그러나 이것이 진짜 신고가의 돌파인지 가짜 신고가인지 아직 구분하기 어렵다. 주식을 매도하려는 세력들이 일부로 가짜 신고가를 만들어 개인투자자를 더 끌어들이려는 수작일 수도 있다.

솔본

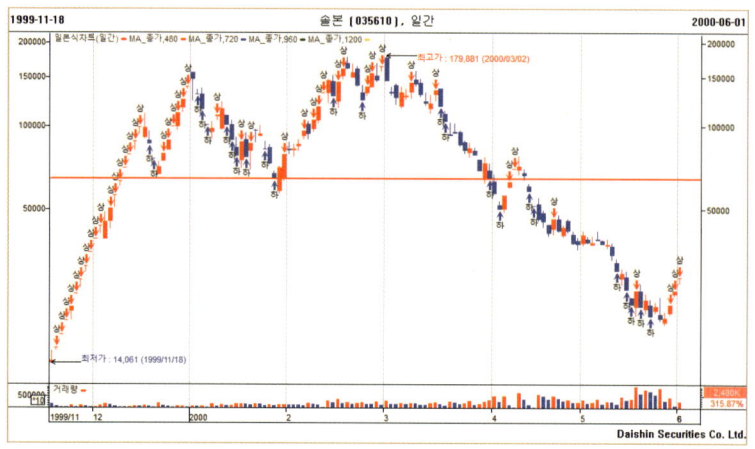

이번엔 하종가가 3번 나왔다. 과거 하락보다 더 많아졌다. 상승추세에 있어서 분명히 안 좋은 흐름이다. 그러다 결국 처음 하종가를 2번 맞은 가격대까지 떨어졌다. 그러나 여기서 다시 올라왔다. 그러면 여기가 지지선이다. 이 정도 가격대까지 빠지면 매수세가 들어온다고 볼 수 있다.

지지선을 칼같이 지킬 필요는 없다. 왜냐하면 지지선을 잠깐 이탈했다가 올라오는 트릭이 있기 때문이다.

지지선을 지켜주고 다시 반등하지만 이번에는 주가가 쉽게 저항선을 돌파하지 못하고 150,000원 근처에서 매물대가 쌓였다. 매물대가 쌓일수록 저항선을 돌파하려면 더 많은 돈을 써야 한다는 의미다. 쉽지 않다는 말이다.

그러다 3월 31일에는 결국 다시 지지선 아래로 내려왔다. 여기서 다시 선택해야 한다. 지지선을 살짝 깨는 하락은 버틸 수 있지만 추가적인 하락이 나올 경우에는 분할 매도가 필요하다. 어차피 최고점에서 한 번에 매도하는 것은 불가능하다.

주식은 다시 지지선 위로 올라왔다. 확실히 65,000원대가 지지선이었다. 그러나 다시 지지선을 이탈하면서 50,000원대 쌍바닥 지지선이 만들어졌다. 더 아래로 지지선이 형성되고 있다는 것은 당연히 안 좋은 신호다. 만약 이 지지선을 이탈할 경우에는 전보다 훨씬 많은 비중을 매도해야 한다. 주도주의 흐름이 어느 정도 끝이 났다고 판단할 수 있다.

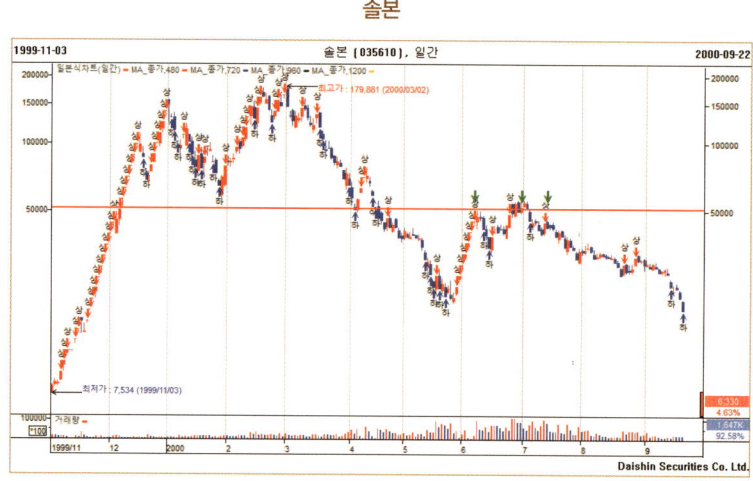

지지선이 붕괴하면서 6월 이후 50,000원대는 새로운 저항선이 되었다. 확실히 주도주 역할이 끝난 모습이다. 저항선을 재차 돌파하지 못하고 하락하는 모습이 보이는데, 이 경우에는 물량을 거의 다 정리하고 나오면 된다.

경험이 부족한 투자자들은 이전의 차트를 활용해서 매도훈련을 해야 한다. 주식 공부의 진짜 자료는 주식 책에 있는 게 아니라 주식시장에 있다.

간혹 하락추세가 만들어져 계속 하락하는 종목을 '언젠간 오르겠지'하고 하염없이 들고 있는 사람이 있다. 그러면 안 된다. 저점과 저점을 이어 지지선을 만들고 그 지지선을 이탈하면 비중을 계속 줄여나가야 한다. 그렇게 하락의 끝자락에 왔을 때는 내가 가지고 있는 주식 수가 거의 남아 있지 않을 것이다. 당연히 손실도 줄일 수 있다.

주식투자의 시행착오를 줄이는 방법은 과거 주도주를 통해 매매 시뮬레이션을 하는 것이다. 이 책을 통해 과거 주도주를 알고 본인이 직접 차트를 켜놓고 훈련을 해봐야 한다.

· 04 ·
부동산보다 건설사 주식이 더 많이 오른다

노무현 정권(2003.2~2008.2) 때는 'AGAIN 1986'을 외칠 정도로 주식시장이 또 한 번 업그레이드하던 시기였다. 이번에는 부동산이 큰 역할을 했다. 건설업종을 필두로 건설에 필요한 모든 업종이 올랐다. 특히 전 세계 원자재를 운반하는 조선, 해운, 중공업 업종은 당시 세계 1등의 경쟁력을 가지고 있었다.

GS건설을 보면 1993년부터 2003년까지 주가가 15,000원대 저항선을 넘지 못했다. 무려 10년이다. 비록 주식이 지루하게 오르지 않더라도 하락하지만 않는다면 희망이 있다. 그러나 외환위기가 터지면서 주가는 1/10토막 난다. 외환위기 이후 원래의 주가를 다시 회복했지만 주가가 다시 3,200원대로 하락했다.

그렇다면 10년 동안 저항선을 넘지 못하고 있는 주식을 매수할 타이밍이 있을까? GS건설의 투자 타이밍은 2002년부터 2004년이었다. 왜 그럴까?

GS건설

2002년부터 GS건설의 주가가 하락해도 중장기 이동평균선 위에 멈춰있는 모습을 볼 수 있다. 전 저점은 높아졌다. 그리고 2003년에 드디어 10년 저항선을 돌파했다. 10년 동안 15,000원대에서 쌓인 매물대라면 얼마나 많을까? 매수세와 매도세가 치열한 공방을 벌이던 전투 현장이었지만 늘 무승부로 끝이 났다. 그러나 이번에는 매수세의 공격이 매도세의 방어를 이겨버렸다. 누군가 큰돈을 넣었기 때문에 가능한 일이었다. 매매 주체들의 무작위적인 매매로는 불가능한 일이다.

앞서 진짜 신고가와 가짜 신고가를 구분하기가 매우 까다롭다는 이야기를 했다. 이번에는 진짜 신고가일 가능성이 높다. 왜냐하면 가짜 신고가는 주로 천장권에서 많이 나오지 이렇게 10년 매물대를 돌파할 때는 이미 바닥권이다. 개인투자자의 눈을 속일 가짜 신고가를 만들 이유가 없다.

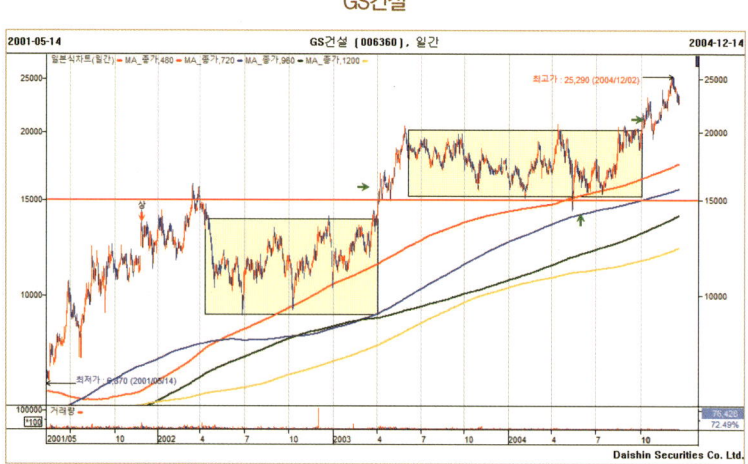

차트를 좀 더 확대해봤다. 2002년 4월에 10년 저항선에 막혀 다시 내려왔다. 그다음 저항선(2003년 4월)까지 올라오는 시간이 무려 1년이다. 이 종목은 15,000원대만 오면 무조건 하락한다고 생각할 것이다. 이른바 학습효과다. 주가를 그려나가는 세력들은 은연 중에 개인투자자들에게 이런 학습을 시킨다. 그러다 어느 순간 15,000원대 가격대에서 개인들이 물량을 다 던질 때 그 물량을 받아 더 올려버린다. 15,000원대 매도했던 주식을 그 이상의 값을 주고 다시 사기란 쉽지 않다. 학습이 제대로 되었는지는 수급을 보면 알 수 있다. 자본 세력은 본인들이 원하는 주식 물량을 확보하기 전까지 계속 반복한다.

10년 저항선을 돌파한 이후에는 다시 지루하게 만드는 경우가 많다. 차트를 보면 새로운 저항선까지 올라오는데 1년 5개월이 걸렸다. 그러나 이번엔 한 번에 가볍게 돌파했다. 이미 10년 매물대를 어렵게 돌파를 했고 2003년 4월 이후 쌓인 매물대 물량이 얼마 없어서 세력이 조금만 돈을 더 써도 쉽게 돌파할 수 있다.

여기서 중요한 것은 과거 10년 저항선이 지지선이 되어 주고 있다는 사실이다. 그러면서 중장기 이동평균선이 우상향하며 새로운 그림이 만들어지고 있다.

주가가 신고가를 돌파하고 중장기 이동평균선까지 눌러진 자리를 '매수의 골든타임'이라고 부른다. 박스이론의 창시자이자 『나는 주식투자로 250만 불을 벌었다』의 저자 니콜라스 다비스는 "정숙한 부인이 갑자기 테이블 위에서 춤을 추는 데는 다 이유가 있다."고 말했다. 평소에 변동이 없던 주식이 갑자기 활발하게 움직이면 이유가 있다는 것이다. 마찬가지로 10년 동안 제자리에 머물던 주식이 어느 순간 저항선을 돌파했다면 그것 또한 이유가 있다.

다비스는 "주가가 박스를 돌파할 때마다 추가매수를 하라."라고 말했다. 그게 가장 확실한 방법이긴 하지만 최근 주가 트렌트는 박스를 돌파하고 다시 눌러준다. 그러다 어느 순간 강하게 상승했다. 특히 박스(저항선)를 최초로 돌파할 때는 GS건설처럼 처음부터 오르지 않고 다시 과거 저항선(현재의 지지선)까지 눌러주는 경우가 더 많았다.

2004년 10월 10년 저항선을 돌파한 이후에 2번째 돌파가 이루어졌다. 중요한 건 이렇게 계속 돌파가 이루어지는 종목은 함부로 매매해서는 안 된다. 저항선에서 매도했더니 또 돌파를 해버리면 골치 아파진다. 함부로 매매하지 말고 그냥 가만히 가지고 있어야 용돈 벌이가 아니라 경제적 자유로 향하는 큰 수익을 얻을 수 있다.

주가가 어느 순간을 넘어가면 그냥 쭉 상승세를 탄다. 만약 보유하고 있었다면 시작된 상승추세가 끝날 때까지 계속 보유해야 한다. 결국 주식투자 수익은 이 상승추세다. 상승추세가 이어지는 동안에도 음봉이 나오면서 눌러줄 때가 있을 것이다. 그럴 때마다 조금씩 추가 매수해 비중을 늘려나가야 한다. 한 번에 매수하기에는 위험 부담이 크다. 그리고 실제로 저 순간이 오면 그렇게 하지도 못한다.

GS건설

중장기 이동평균선과 만나러 내려올 때가 매도 신호다. 2004년 10월부터 본격적인 상승을 시작하여 2007년 10월에 끝났다. 내가 만약 20,000원 근처에서 2억 원을 투자했었다고 가정해보자. 2007년 4월에 90,000원 될 때 평가액은 대략 8.5억이 된다. 여기서 매도해도 잘한 투자다. 그러나 앞서 주가가 잘 가고 있는 외봉 상태에서는 팔지 않기로 했다. 만약 계속 보유하고 있었으면 2007년 10월에 평가액은 얼마가 될까? 대략 2배인 17억원이다.

주가가 복리로 올라가기 때문에 중간에서 매도하면 이 복리

수익을 놓치게 된다. 그러다 2007년 10월 이후부터 주가가 다른 흐름을 보이기 시작한다. 2004년 10월 이후 처음으로 중장기 이동평균선까지 내려왔다. 이때부터 상승추세가 꺾인 것으로 보고 비중을 계속 줄여나가야 한다.

만약 음식료, 제약, 바이오 등 인류의 생활필수품 업종이라면 장기 이동평균선에서 튕겨서 다시 오르는 경우도 있다. 그러면서 단순 주도주로 끝나는 것이 아니라 삼성전자처럼 장기 우상향하는 종목이 될 수도 있다. 따라서 똑같은 기술 분석이라 하더라도 업종과 기업의 특성을 잘 이해하고 있어야 한다. 이게 바로 투자 전략이다.

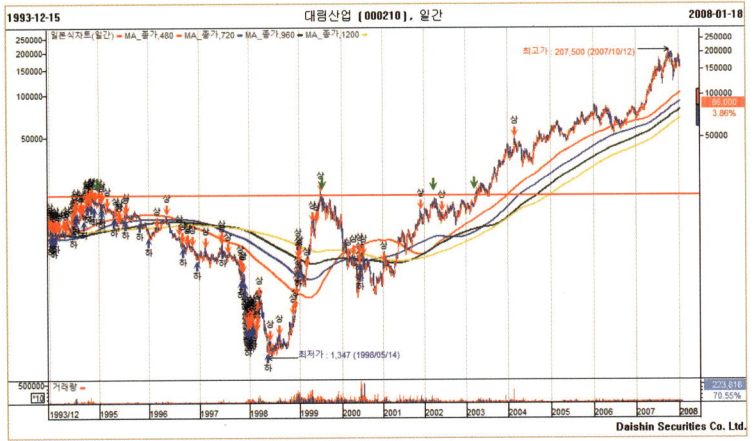

부동산 대세 상승장에서 돈을 더 많이 번 건 건물주가 아니다. 바로 건설주 주주다. 대림산업의 차트는 GS건설과 너무 비슷하다. 10년 저항선을 돌파하고 똑같이 움직였다.

· 05 ·
대세 상승장,
뱃노래를 불러라!

대세 상승장에서도 마이너스 계좌는 있다. 따라서 대세 상승장 때 주가는 어떻게 움직였는지 미리 알아두는 것이 중요하다.

현대미포조선

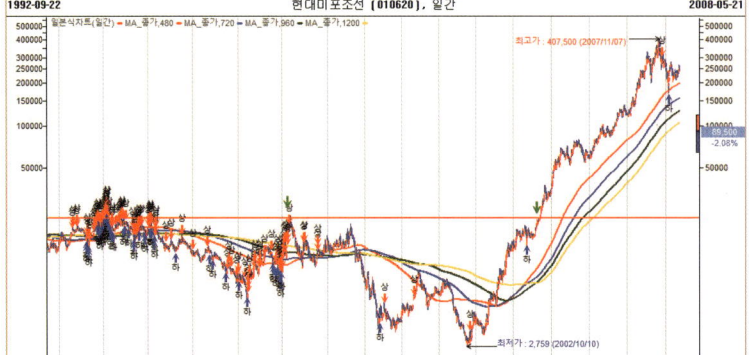

현대미포조선은 2003년부터 2007년까지 4년 동안 무려 140배가 넘게 상승했다. 현대미포조선은 상당히 어려운 투자다. 아무리 차트를 다시 살펴보아도 그때로 다시 돌아간다고 해도 담기 어려운 종목이다. GS건설이나 대림산업은 차트를 만들면서 올라갔다. 그러나 현대미포조선은 바닥에서 아무런 모양도 없이 바로 출발하여 끝까지 갔다. 전 저점도 더 낮아진 상태에서 말이다.

2004년 아직 10년 저항선을 돌파하기도 전에 이미 바닥에서 한 번에 10배 이상 올랐다. 바닥을 3,000원대로 생각하고 있는 투자자라면 섣불리 진입하기 어렵다. 10년 저항선을 돌파할 때도 매수의 골든타임을 주지 않고 그대로 쭉 올라가 버렸다.

이런 종목은 많이 사려고 하면 절대 못 산다. 일단 바닥대비 얼마나 올라왔느냐를 잊고 10년 저항선을 돌파할 때 진입해야 한다. 비중이 작으면 충분히 들어갈 수 있다. 왜냐하면 설령 마이너스가 된다고 하더라도 충분히 버틸 수 있는 포트폴리오이기 때문이다. 쉬운 선택은 아니다. 만약 여기서도 놓치면 어떻게 해야 할까?

현대미포조선

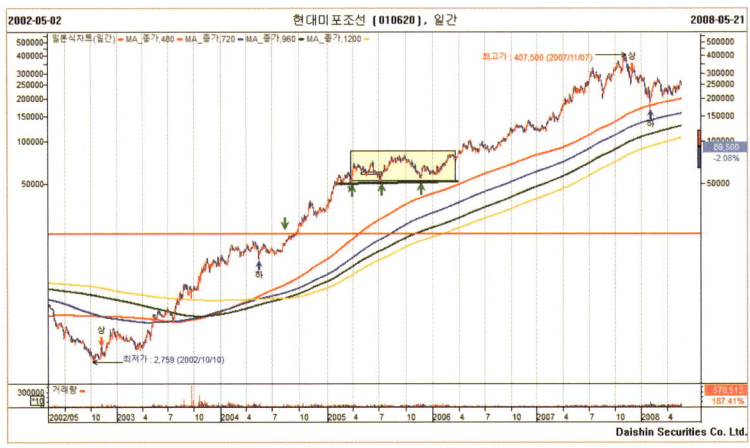

    당시 상황을 좀 더 확대해 보았다. 10년 저항선을 뚫고 2005년 4월부터 2006년 4월까지 1년 동안 박스권을 보이며 횡보하는 구간이 보인다. 주가가 140배가 올라갈 때 절대로 계속해서 오를 수는 없다. 대략 3분기 이상 쉬어가는 구간이 반드시 존재한다. 3,000원 하던 주가가 50,000원까지 올랐으니 섣불리 손이 안 갈 것이다.

    그러나 10년 저항선을 돌파하면서 과거의 매물을 모두 소화했다는 점과 상승추세가 이어지고 있다는 사실이 중요하다. 잘 상승하던 주가가 1년 동안 옆으로 횡보하면 시세가 끝났다고 생각할 수도 있다. 그러나 더 자세히 보면 2004년에도 7개월 동안 주가가 움직이지 않았다.

횡보 구간 동안 상승의 끝자락에 있던 저점을 깨고 내려가지 않아야 한다. 2005년 주가 흐름을 보면 횡보하고 있지만 지지선은 지켜주면서 움직이고 있다. 주가가 단기에 급격하게 상승하면서 이동평균선과 주가의 간격이 너무 많이 벌어져 있을 때, 이 공간을 채워나가야 주가가 더 멀리 갈 수 있다. 1년 동안 횡보 조정을 하면서 그동안 벌어져 있던 이동평균선과의 거리도 가까워졌음을 알 수 있다.

그러나 주도주가 상승 중일 때는 중장기 이동평균선과 가까워도 거의 만나지 않는다. 앞서 기회를 놓친 투자자에게는 이때가 마지막 기회일 가능성이 높다. 2007년 이후 중장기 이동평균선과 차례대로 만나기 시작한다. 만날 때마다 비중을 점점 줄여서 분할 매도하면 된다. 최고점에서는 주가가 더 올라갈 수도 있기 때문에 어차피 매도하지 못한다.

IT의 추억에 젖어 있다가 현대미포조선을 놓친 것처럼, 조선, 해운, 건설 등에 미련을 버리지 못한 투자자들은 금융위기 이후에 그다음 정권 주도주였던 자동차, 화학, 정유 등을 놓치게 된다. 여기에 또 미련을 버리지 못했던 투자자들은 그다음 정권 주도주였던 제약, 바이오 등을 놓치게 된다.

주가는 이미 미래실적을 반영해 오버슈팅을 한 상황이지만, 언론에는 여전히 호재가 나오고 재무제표에도 사상 최대실적을 기록하고 있다. 이러니 투자자들은 헷갈릴 수밖에 없다. 실적이 계속해서 좋아지고 있으니 주가도 더 오를 것이란 환상을 가지게 된다.

현대미포조선 재무제표

(단위: 억원)

	2007.12 (GAAP 연결)	2008.12 (GAAP 연결)	2009.12 (GAAP 연결)	2010.12 (GAAP 연결)	2011.12 (IFRS 연결)	2012.12 (IFRS 연결)	2013.12 (IFRS 연결)	2014.12 (IFRS 연결)	2015.12 (IFRS 연결)	2016.12 (IFRS 연결)
매출액	28,990	41,380	40,299	41,184	46,239	44,154	39,858	39,675	46,524	42,196
영업이익	3,862	5,776	4,428	6,260	3,778	927	-2,752	-8,677	666	2,075
순이익	5,385	5,380	4,111	4,937	2,024	864	-2,671	-6,793	257	396
연결순이익	5,292	5,191	3,787	4,540	1,998	965	-2,378	-6,328	382	346
자산총계	70,721	82,464	72,051	95,589	78,246	77,228	102,277	100,637	94,380	92,263
부채총계	39,543	58,559	44,340	51,396	44,160	43,301	69,867	81,371	76,412	69,679
자본총계	31,178	23,905	27,711	44,193	34,086	33,927	32,410	19,266	17,968	22,584

※주재무제표기준입니다.

자료: 세종데이터

실제로 현대미포조선의 실적도 그랬다. 주가는 이미 미래실적을 반영해 2003년부터 2007년까지 다 올랐다. 그러나 실적은 2007년이 지나도 여전히 증가하고 있었다. 이러니 헷갈리지 않을 수 있겠는가? 기업의 사상 최대실적에도 불구하고 주가는 2007년 이후 더 이상 오르지 못했다.

대한해운

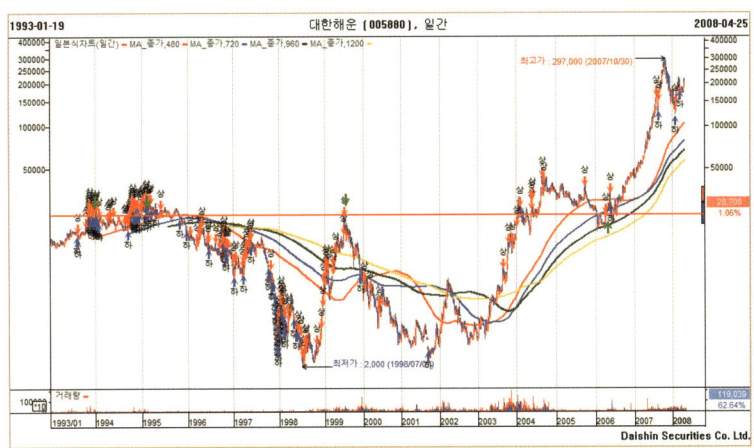

　　대한해운도 2004년에 10년 저항선을 돌파한다. 당시 조선, 해운, 건설업종의 대표 주식들이 똑같은 흐름을 보였다. 10년 저항선을 돌파할 때는 주식에 당하는 한이 있더라도 무조건 분할매수해야 한다. 그런데 2006년에 다시 제자리로 돌아왔다. 내가 투자한 주식이 2년 뒤에 수익률이 0%가 되면, 이러려고 주식투자를 했나, 싶은 생각이 든다. 왜냐하면 대다수 개인투자자들이 수익률에 과도하게 집착하기 때문이다.

　　과거의 저항선은 미래의 지지선이 된다고 했었다. 여기서 주가의 운명이 결정된다. 이 지지선을 지킨다면 주가는 다시 올라갈 것이고, 지키지 못한다면 주도주로써 더 큰 하락이 기다리고 있을지도 모른다.

큰손이 10년 저항선을 뚫기 위해서 30,000원대에서 엄청난 돈을 쏟아부었다. 누군가 큰돈을 쓰지 않으면 10년 저항선이 뚫리기 어렵다. 여기서 만약 지지선을 깨고 주가가 하락한다면 큰손도 엄청난 손실을 보게 된다. 그래서 주가가 역사적인 신고가를 돌파하고 재차 다시 하락해도 이 지지선은 지키는 경우가 많다. 개인투자자에겐 바로 이 순간이 매수의 골든타임이 된다. 여기서 매수기회를 놓치면 다시 이 주식을 보유할 기회는 오지 않는다.

현대중공업은 2003년부터 시세가 출발했지만 신고가를 돌파한 것은 2005년이었다. 2005년도에 조선, 해운업이 잠시 주춤할 때 시장을 견인했다.

· 06 ·

대체 에너지가 부상하다

　'석유산업 육성'이라는 부시 공화당 정책과 신흥국의 공업화가 급속도로 진행되면서 부시 대통령 집권 8년 내내 원유가격은 상승했다. 원유를 비롯한 화석 연료 가격이 오르면 오를수록 "대체에너지를 개발해야 한다."는 목소리는 점점 높아져 갔다.

　석유를 대체할 미래 에너지에 대한 기대감이 시장에 전반적으로 형성되면서 태양광과 풍력 에너지가 새로운 신에너지로 부상했다. 아이러니하게도 대세 상승장의 진짜 주인은 조선, 해운, 건설 등 지금 활발히 뜨고 있는 업종에서 나온 게 아니라 미래의 업종에서 나왔다.

태웅은 세계 1위의 풍력 단조 제품 전문업체이다. 2003년 820원 하던 주가는 4년 만에 130,000원을 돌파해 약 160배 이상의 상승률을 보여주며 대세 상승장에서 가장 많이 오른 종목으로 기록됐다.

개인투자자는 상장가를 돌파하는 역사적인 신고가가 나올 때 일부 따라잡는 것이 최선이다. 이 종목은 특별한 매수기회를 주지 않았다. 이럴 경우 비중을 계속 늘려나가기도 어렵다. 결국 작은 비중으로 길게 가져가야 한다. 그리고 최고가 133,900원이 아니라 2008년 10월, 이동평균선과 닿기 시작할 때 차례로 분할 매도하면서 탈출하는 게 최선이다.

그러나 여기서 모든 물량을 다 던지고 나오긴 애매하다. 금융위기 때 크게 하락하지 않고 이동평균선 밑까지 들어가지 않은 것으로 보아 추세가 아예 망가진 것으로 보기 어렵다. 여전히 상승추세가 이어지고 있다고 볼 수 있다. 그러나 앞서 160배 상승했기 때문에 여기서 더 우상향할 가능성은 별로 없다. 그래도 대부분 매도하고 일부 물량은 조금 더 보유해 볼만도 하다. 그러면 언제 다 매도하고 나오는 것이 좋을까?

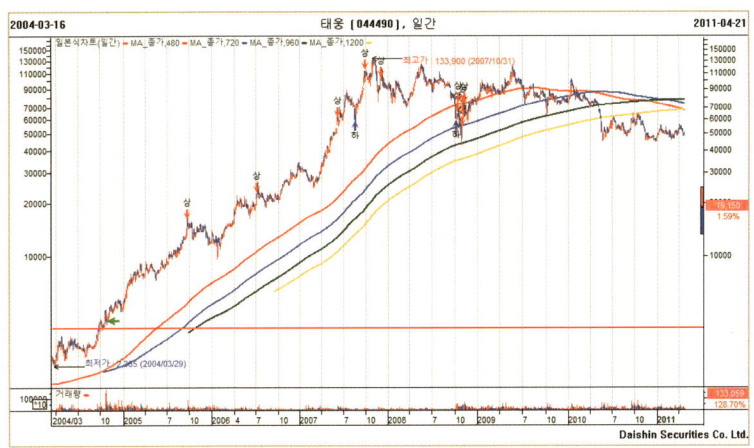

태웅

주가가 이동평균선 아래로 들어갈 때 매도하면 좋다. 매도의 관점으로 봐야지 매수의 관점은 버릴 때다. 내가 주가를 움직일 힘이 전혀 없기 때문에 주가가 앞으로 어떤 식으로 움직일지 확신할 수는 없다. 그러므로 분할 매수, 분할 매도는 철칙으로 꼭 지켜야 한다.

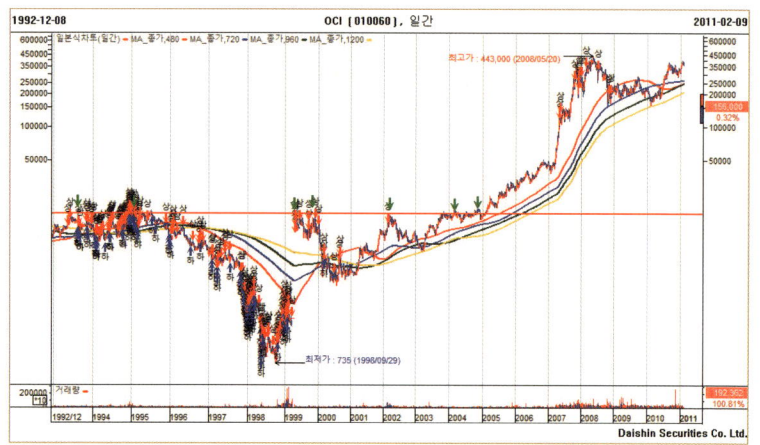

OCI를 보면 차트 모양이 GS건설, 대림산업과 비슷하다. 2005년에 10년 저항선을 뚫고 돌파를 이루어냈다. 98년에 다시 살아난 부활주다. 1999년에 735원이었던 주가가 2007년에 443,000원이 되었다. 상승의 시작은 99년부터라고 볼 수 있지만 개인투자자가 잡을 수 있는 자리는 2005년 17,000원대 자리다. 물론 이동평균선 정배열이 만들어 지는 것을 보고 더 앞에서 잡을 수도 있다.

2007년을 보면 상승률이 갑자기 가팔라졌다. 주도주의 역할이 끝나가는 이 마지막 시세 구간에서 제일 높은 수익을 얻을 수 있다. 큰손이 개인한테 주식을 분양하는 단계이다. 이 정도 상승률은 나와야 그동안 관심 없던 전국의 개미들까지 관심을 보일 것이 아닌가.

· 07 ·

다 함께 차차차!

2008년 금융위기가 터지자 시장의 분위기는 다시 바뀌었다. 지수 대폭락이 나오면서 주도주가 바뀌는 흐름이었다. 과거의 영광을 누렸던 주도주는 나락으로 떨어졌고, 과거에 나락으로 떨어졌던 종목에서 새로운 주도주가 나왔다.

나는 2009년에 입대했다. 대학에 입학하자마자 금융위기를 겪었고 대학교 1학년 새내기의 주식투자는 이미 망한 상황이었다. 그래도 아쉬운 마음에 나중에 차 살 때 보탤 돈이라 생각하고 현대차 주식을 샀다. 전역하고 나니 현대차는 무려 8배 넘게 상승해 있었다. 비록 큰돈은 아니었지만 그때부터 주도주에 대한 본격적인 공부가 시작됐다.

현대차

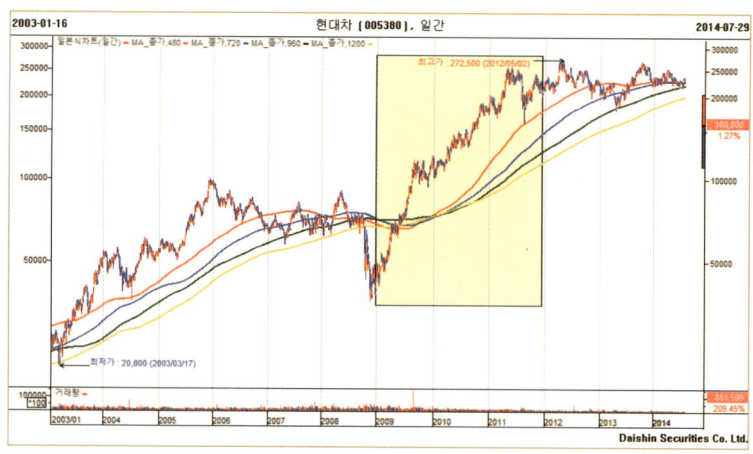

2003년~2007년 대세 상승장에 자동차업종에 투자를 했다면 아마 큰 수익은 볼 수 없었을 것이다. 주식은 결국 언제, 어느 시점에 내가 주주로서 보유를 하고 있느냐가 굉장히 중요하다.

주식시장이 대세 상승장일 때 뱃노래를 불렀다면, 금융위기 이후에는 "다 함께, 차차차"를 불렀다. 대세 상승장 때 현대차의 재무구조가 안 좋아서 덜 올랐다고 보기보다는 특정 업종과 종목에 수급이 몰리면서 상대적 소외를 당했다고 봐야 한다.

재무제표도 우량하고, 실적도 좋은데 도대체가 안 오르는 종목이 있다. 아직 순서가 오지 않은 것이다. 기업이 돈만 꾸준히 잘 벌고 있다면 결국 언젠가 오르기 마련이다. 다만 그 시기를 정확히 예측하기 어려울 뿐이다. 주도주의 흐름은 업종과 종목 차트를 계속 봐야 보인다. 결코 기본 분석만으로는 잡아낼 수 없다.

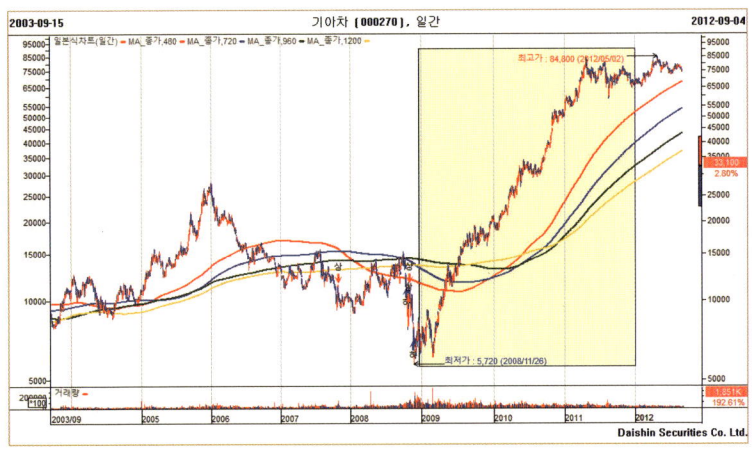

상승률은 형님보다 아우가 좋았다. 기아차는 마치 이전에 보았던 현대미포조선처럼 상승했다. 이렇게 모양 없이 올라가는 주식이 잡기가 제일 까다롭다. 자동차가 오르니 자동차 부품 주식도 상승했다.

현대모비스

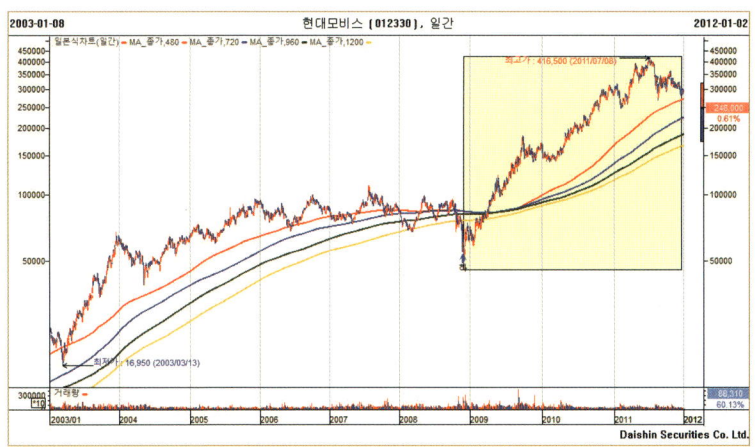

현대모비스도 대세 상승장에서는 철저히 소외를 당했지만, 2000년대를 주름잡은 종목이다.

현대모비스

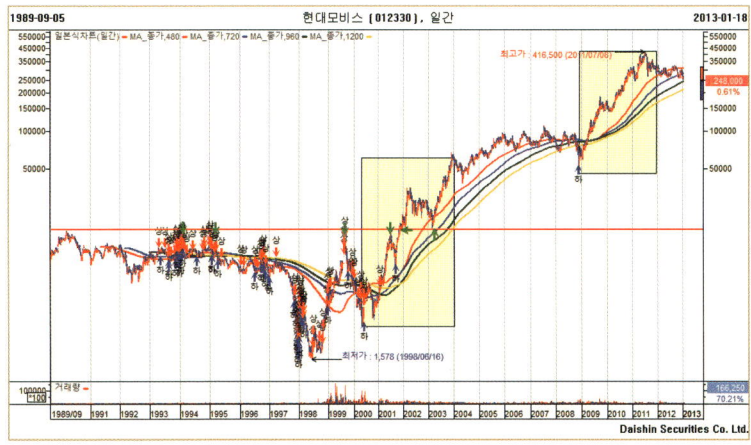

정확히 대세 상승장(2003~2007)만 빗겨서 상승했다. 10년 저항선을 돌파하며 본격적인 상승을 시작했고 과거 저항선은 지지선이 되어 2003년도 매수의 골든타임을 만들어 주었다. 이때가 가장 좋은 매수 타이밍이다.

2000년 4,000원대 하던 주가가 2011년에 416,500원이 됐다. 내 포트폴리오에 10년 이상 들고 갈 수 있는 이런 종목 하나만 있어도 수익률은 대박이다. 대세 상승장 5년 동안 소외 당하더라도 장기 이동평균선이 정배열인 상태이고 그 위에서 주가가 움직이고 있다면 계속 보유해야 한다.

결코 쉽지는 않다. 그러나 비중이 가볍다면 마이너스 수익을 예상하더라도 충분히 장기로 이끄는 시도를 해도 좋다. 물론 비중이 높다면 불가능하다. 앞으로도 제2의 현대모비스는 꾸준히 나온다. 4차 산업 업종에서 경쟁력을 가지고 있는 기업 중에서 나올 가능성이 있다. 그리고 보면 2000년대는 주식시장을 현대그룹이 지배했다고 봐도 과언이 아니다.

2000년대 주식시장을 하나로 아우르는 큰 키워드는 수송이었다. 전반기는 조선, 해운, 중공업 등의 해상운송이 주를 이루었고 후반기는 자동차, 자전거 등 육상운송이 주를 이루었다. 2010년대는 아직 끝나지 않았지만 4차 산업을 기반으로 한 업종들이 움직이고 있다.

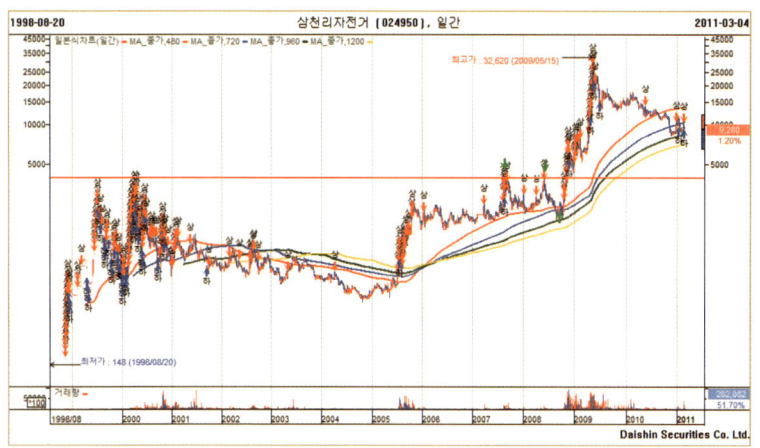

삼천리자전거

삼천리자전거는 투자하기 굉장히 까다로운 종목이다. 매수의 골든타임은 2008년 후반기에 딱 한 번 있었다.

무엇보다 중장기 이동평균선의 방향을 읽는 것이 중요하다. 2004년까지 하락하던 주가가 2005년에 급등이 나오면서 이동평균선의 방향이 바뀌기 시작한다. 또한 이 급등을 통해서 매물을 대부분 소화했다. 왼쪽에 물려있던 투자자는 원금회복과 매도할 기회까지 주어졌다.

왼쪽의 물량을 모두 소화하고 주가가 올라왔다는 것은 누군가가 돈을 썼다는 것이다. 정보력이 부족한 개인투자자에게는 이

것이 가장 큰 정보가 된다. 투자하는데 중요한 것은 큰손이 돈을 썼다는 사실이다.

장기로 하락하던 이동평균선이 방향을 바꾸려면 어쩔 수 없이 급등이 나와야 한다. 주가의 급등이 나오지 않으면 이동평균선의 방향을 바꾸는 데 매우 오래 걸린다. 2005년에 왼쪽 매물을 한 번에 다 소화하지 못했다. 그러나 대부분은 소화했다. 그런 후 2007년에 한 번, 2008년에 한 번 총 2번에 걸쳐서 왼쪽에 남아있던 매물을 전부 소화했다. 여기서 개인투자자는 또 한 번 학습효과를 얻는다. 이 주식은 4,000원만 되면 다시 내려오고 4,000원까지 주가가 오르면 매도해야 한다는 것을.

그러나 2008년 하반기에는 4,000원을 돌파했다. 4년간 지속한 매집 세력의 매물 소화가 끝난 것이다. 오래 걸린 만큼 그들 입장에서는 매우 바쁘다. 돌파하고 오르는 시간이 무척 빨랐다. 1년도 안 되어 주가가 32,620원까지 올랐다. 이때가 되어서야 당시 이명박 대통령이 자전거를 탄 사진이 신문에 나왔다.

· 08 ·
건강과 미용의
시대가 오다!

이명박 정권이 가고 박근혜 정권이 새롭게 들어섰다. 여전히 "다 함께, 차차차"를 흥얼대는 투자자들이 많았다.

기아차

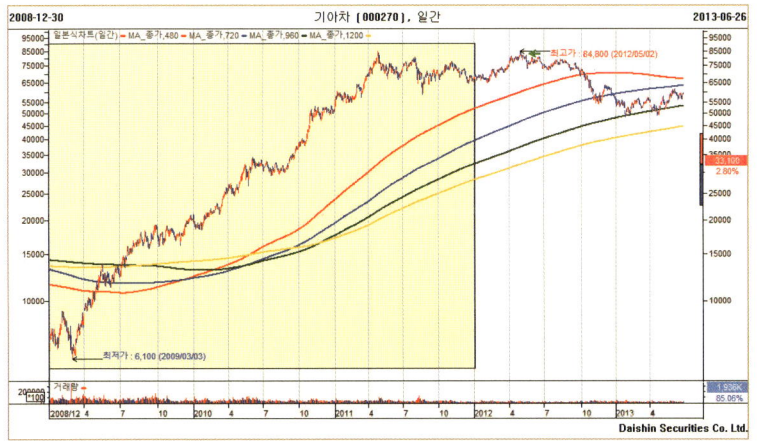

이미 기아차는 2년간의 급등으로 시세가 많이 뒤처지고 있었다. 2011년 4월 이후 1년이 넘도록 전 고점을 뚫지 못했고 그러면서 여기에 다시 매물대가 쌓이고 있었다. 2011년 8월 9일 유럽사태가 터지자 시장의 흐름도 다시 재편되고 있었다.

종합주가지수(12년~17년)

박근혜 정권 시절에는 한 번도 겪어보지 못했던 박스피 장세를 겪었다. 10년 상승에 대한 부담이 컸을까? 그나마 다행인 점은 지수가 아무리 하락해도 1800P의 지지선을 지킨 점이다. 세계 경기 침체 속에서도 한국 경제의 기초여건은 여전히 강하다는 것을 보여줬다. 그리고 주식시장은 코스피에서 코스닥으로 재편됐다.

주식투자는 경제가 어려울 때 수익을 얻을 확률이 더 높다.

아무리 경제가 어려워도 올라가는 종목들은 존재한다. 그리고 주식시장은 계속해서 바통터치를 하면서 주도주를 만들었다.

　미국발 2008년 금융위기를 살려낸 것은 세계의 큰손, 중국이었다. 90년대 시장을 개방해 한국 경제에 어려움을 주었던 중국은 그동안 14억 소비 대국으로 부상했다. 더 이상 값싼 노동력으로 전 세계의 공장 역할을 자처하던 과거의 중국이 아니었다.

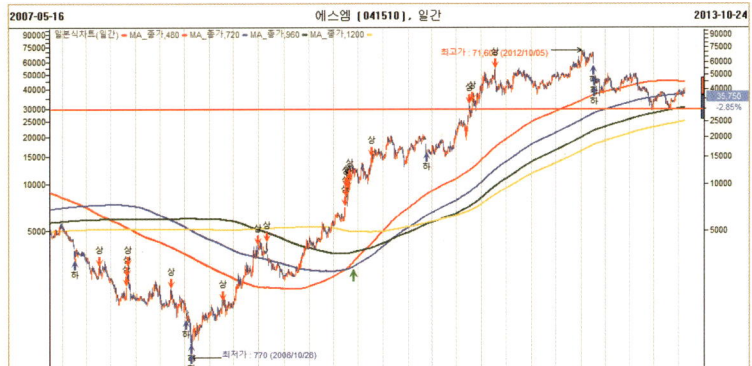

　자동차, 화학, 정유에 가려져 잘 알려지지 않았지만 이러한 시대 흐름을 먼저 반영한 건 에스엠과 에이블씨엔씨였다. 그러나 이때는 개별 종목의 상승으로 봐야 한다. 집단으로 움직였다고 보기에는 같은 업종의 다른 종목들은 움직임이 거의 없었다.

에이블씨엔씨

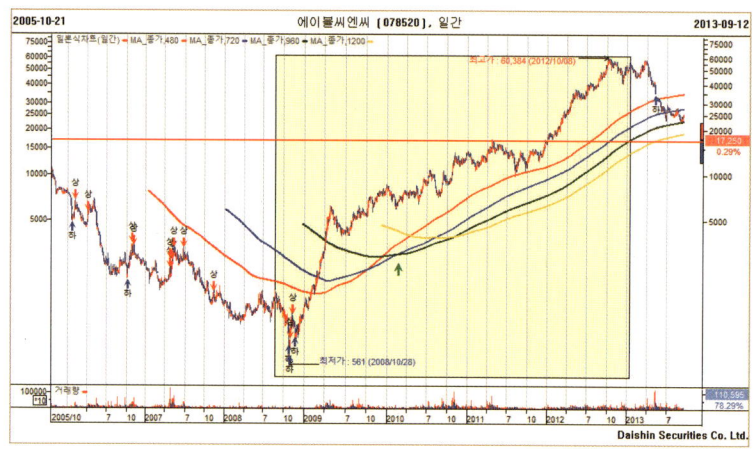

그러다 두 종목 모두 바닥 대비 100배 넘는 상승을 했다. 그러나 이 두 종목은 과거 주도주의 흐름과는 많이 다르다. 상장 후 낙폭과대가 워낙 심했던 종목들이라 겨우 상장 가격대로 다시 돌아왔다. 과거 큰 상승 이력이 주가 부담으로 작용하고 있는 것은 사실이나, 상장 가격이 현재 지지선으로 작용하고 있었고 주가가 가볍게 올라간 경우가 없어서 기업의 가치는 충분했다.

이 두 개별 종목의 상승은 향후 어떤 업종이 크게 부상할 수 있는지를 보여주었다. 그동안 조선, 해운, 중공업, 철강, 건설, 화학, 중공업, 자동차 등 제조업이라 불리는 대부분 업종에서 주가가 큰 상승을 했지만, 그다음 차례가 엔터, 건강, 미용이 될 수 있다는 것을 보여줬다. 이는 고령화라는 한국의 시대 변화와도 연결

돼 있다.

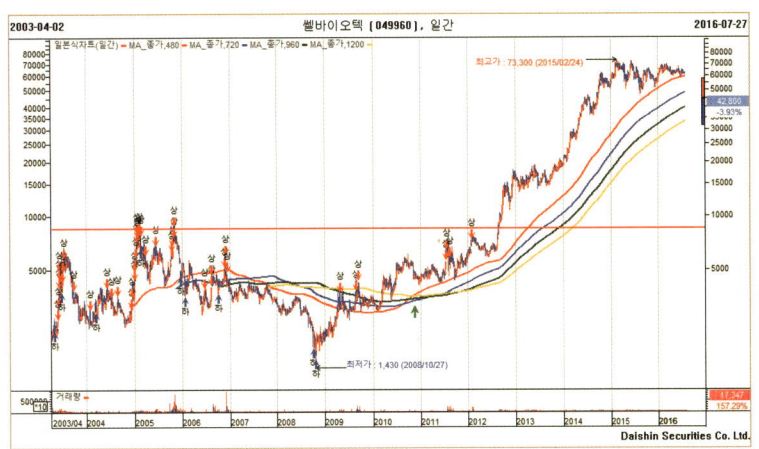

프로바이오틱스 시장에서 세계적인 경쟁력을 가지고 있는 쎌바이오텍은 2010년부터 정배열을 만들면서 박근혜 정권에서는 본격적으로 상승세를 탔다. 지수는 정체하고 있었지만 쎌바이오텍과 같은 개별 종목이 크게 상승하던 시기였다.

2011년 매물을 소화하진 못했지만 정배열을 만들며 추세를 형성하고 있다는 사실에 주목해야 한다.

쎌바이오텍 재무제표

요약재무정보	2008.12 (GAAP 개별)	2009.12 (GAAP 개별)	2010.12 (GAAP 개별)	2011.12 (IFRS 별도)	2012.12 (IFRS 별도)	2013.12 (IFRS 연결)	2014.12 (IFRS 연결)	2015.12 (IFRS 연결)	2016.12 (IFRS 연결)	2017.12 (IFRS 연결)
매출액	122	158	182	215	251	316	408	495	583	611
영업이익	17	47	53	56	65	94	129	188	216	226
순이익	23	43	50	52	60	78	104	175	185	182
연결순이익	0	0	0	0	0	78	104	175	185	182
자산총계	229	273	325	337	392	467	576	750	905	965
부채총계	22	27	36	28	35	36	52	62	64	63
자본총계	207	246	290	309	358	431	524	688	842	902

자료: 세종데이터

매출액, 영업이익, 순이익이 폭발적으로 증가했다. 연평균 성장률은 35%지만 당시 PER은 15 이하였다. 당시 제약, 바이오업종에서 우수한 기업들은 연평균 30% 이상의 높은 성장세를 보였지만 시장에서 거래되는 주가는 이에 훨씬 미치지 못했다. PER 대부분이 15 이하였다.

쎌바이오텍은 최저가 1,430원에서 최고가 73,300원으로 6년 동안 약 51배 올랐다. 개인투자자가 잡을 수 있는 가격대는 정배열을 만들기 시작한 5,000원대 근방이다.

쎌바이오텍

    2011년 6월에 상한가가 두 번에도 팔지 않았다고 가정해보자. 4개월 뒤 주가가 다시 제자리로 돌아왔다. 중간에 팔지 않은 탓에 60% 이상의 수익률이 사라진 것이다. 처음엔 장기투자로 마음먹었어도 주가의 변동성에 마음이 흔들리게 된다. 인간이라면 어쩔 수 없다.

    다시 7,000원, 8,000원대에 도달했을 때 주식을 팔고 싶다는 욕구가 강해진다. 그러다 어느 순간 주가가 급하게 상승하면 상황은 복잡해진다. 다시 따라잡기가 어려워지기 때문이다. 빈번한 거래보다는 기업의 가치를 믿고 이동평균선 정배열과 우상향하는 추세를 신뢰하고 장기 보유하는 것이 좋다. 주식의 수익은 매매에서 오는 것이 아니라 대부분 보유에서 온다.

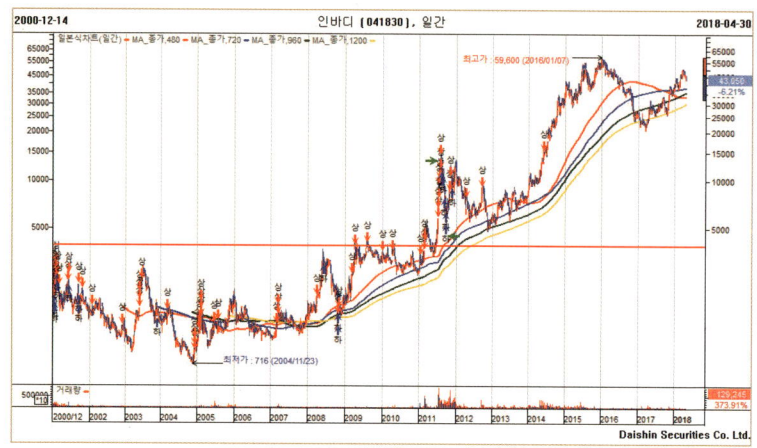

　　인바디도 2000년부터 2011년까지 주가가 거의 움직이지 않았지만 2011년 10년 저항선을 돌파하며 본격적인 상승을 시작했다. 그러나 출발이 심상치가 않다. 변동성이 극심하다. 그러나 성장주는 변동성이 매우 심하다. 과거 삼성전자도 그랬다.
　　10년 저항선 돌파, 중장기 이동평균선의 정배열, 이동평균선 위에서의 상승과 하락, 장기추세의 우상향 등을 이해했다면 버틸 수 있지 않았을까?
　　기술 분석을 이해하고 있으면 상한가가 연속적으로 나올 때는 따라가지 않는다. 주가가 다시 이동평균선 근처까지 눌러줄 때를 기다린다. 2011년 하한가가 5번 이상 나와도 중장기 상승추세에는 큰 문제가 없음을 알고 있다. 이미 10년 저항선을 돌파했기 때문에 주가가 이동평균선 근처에 도달하면, 적립식으로 매수하여 주식을 모아야 한다.

2011년 10년 저항을 돌파하고 급하게 상승했지만 꾸준히 상승하지 못했고 2012년, 2013년에는 완전히 멈춰버렸다. 만약 2011년 15,000원대에 물려있던 투자자라면 하한가가 5번 이상이 나오기 전에 손절했을 가능성이 99%다.

2014년에 전 고점 부근까지 왔다. 대부분 여기서 주식을 양도한다. 이 기회에 팔지 못하면 다시 그 고통을 견뎌야 한다는 생각이 든다. 그러나 결국 15,000원대 주가는 2015년 59,600원까지 올라갔다. 우상향하는 좋은 주식은 고점에서 사도 수익이란 말이 있다. 결국 시간이 해결해주는 것이다.

· 09 ·
변동성은 공포가 아니라 기회다

회사 대주주들이 주식을 상장시키는 이유는 '자본조달'이다. 회사가 자기 돈만으로도 사업이 잘 되면 굳이 주식을 공개하며 얼굴도 모르는 사람들에게 주식을 나눠줄 필요도, 분기마다 귀찮은 기업공시를 할 필요도 없다.

시장에서 종이(주식)를 나누어 주는 대신 돈(투자)을 받는 것이다. 임직원들은 그 종이의 가치를 더 높이려 노력한다. 그 종이를 제일 많이 가지고 있는 사람이 누구인가? 주식은 소액의 개인투자자를 부자로 만들어주려고 태어난 것이 아니라 근본적으로 대주주, 그리고 그 대주주와 손잡고 종이장사를 하려는 큰손의 합작품으로 태어났다. 장사란 결국 이윤을 남기는 사업인데 절대 자기들이 손해 보는 장사는 하지 않는다.

주가는 결국 기업의 가치에 수렴하지만 그 시기를 결정하는 것은 주식시장의 심리와 수급이다. 개인투자자의 수급이 많이 들어오고 열광하는 주식이 모두에게 이익이 되는 건 아니다.

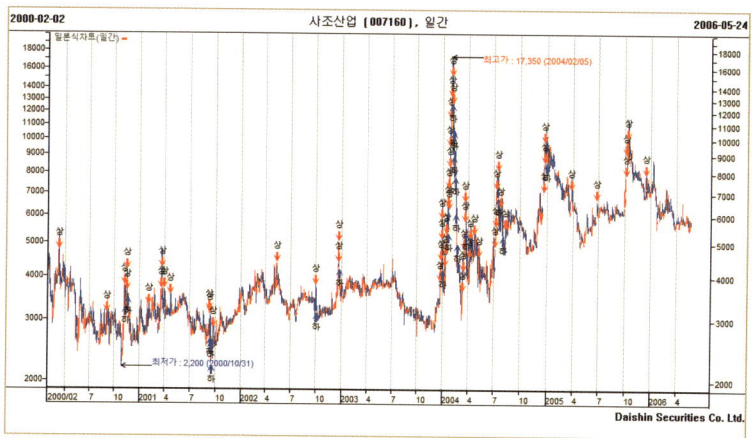

사조산업의 2000년대 차트 모습이다. 위아래로 흔드는 모습이다. 장기투자를 마음먹었어도 아예 잊어버리고 살지 않는 이상 주가가 저렇게 흔들어대면 마음도 함께 흔들릴 수밖에 없다.

연속 상한가가 나오면 수익을 내고 팔고 싶어지는 게 사람의 마음이지만 마음을 고쳐먹고 보유했다고 치자. 계좌에 50% 이상 찍혔던 수익률이 다시 0%로 돌아오면 무슨 생각이 들까? 왠지 손해 본 기분이다.

2000년부터 2003년까지 계속해서 올랐다가 내려가기를 반복하면서 학습을 시킨다. "상한가 나왔을 때 안 챙기면 후회한다?"라고.

이 상황을 10번 이상 반복하게 되면, 아무리 뚝심 있는 장기투자자라 해도 '그래, 상한가 나왔을 때는 한 번 수익을 챙기는 것도 나쁘지 않은 것 같아. 어차피 또 내려오잖아.'라고 생각한다.

2003년 12월부터 2004년 3월까지의 주가 변화를 조금 더 확대해서 보도록 하자.

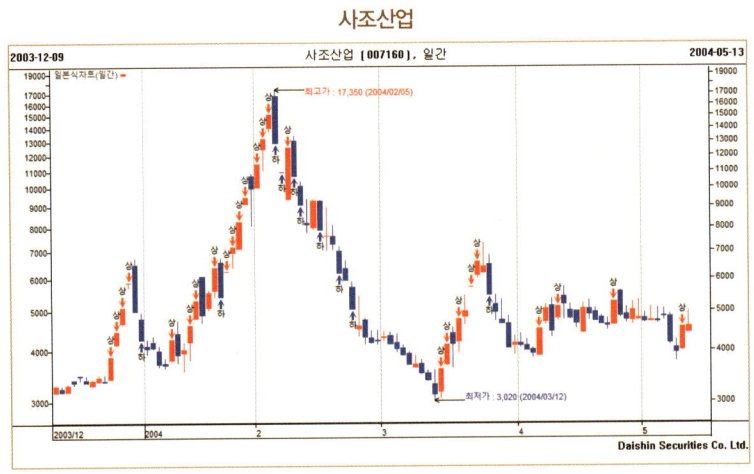

12월부터 크리스마스 기간 산타 랠리로 연속 상한가 4번을

보여주고 다시 멈춘 모습이다. 단 4일 만에 주가가 약 100%가 오른 것이다. 투자자들은 사조그룹의 크리스마스 선물쯤으로 여겼다. 그동안 아무리 상한가가 나와도 연속 4번은 처음이었다.

과거 상한가 랠리를 계속 놓친 투자자라면 이번에는 수익을 챙기려고 했을 것이다. 그다음 나오는 하한가를 보고 '역시…….'라는 생각을 했을지도 모른다. 만약 이때 진입을 한 투자자라면 상한가 뒤에 나오는 하한가를 한 방 얻어맞고 무서워서 장중에 급히 매도했을지도 모르겠다.

정점은 2004년 1월 랠리였다. 1월 12일 3,550원 하던 주가가 2월 5일에 17,350원을 찍고 하한가로 장을 마감했다. 그동안 이틀 연속 상한가만 찍던 종목이 어느 날 사흘 연속 상한가를 찍었다는 건 그전과는 다른 새로운 수급의 움직임이 있었다는 것을 예측할 수 있다. 과거 상한가의 움직임에 익숙해져 있던 투자자들은 과거 학습효과가 있어서 상한가가 2번, 3번 나왔을 때 벌써 팔았을 것이다.

매도는 고수의 영역이다. 그렇다고 그들의 매도가 전부 성공하는 것도 아니다. 일반 투자자라면 '나는 어차피 장기투자를 할건데 과연, 내가 저 변동성을 어떻게 견딜 수 있을까?'를 고민해 보는 것이 좋다. 주가가 한 달 만에 5배가 올랐다고 해서 기업의 가치도 5배 증가한 것은 아니다. 단기 주가의 움직임은 사실 기업 가치와 크게 상관없다.

2000년부터 매도 없이 보유만 했더라면 약 8배의 수익이다. 매일 계좌를 들여다보고 있었으면 쉽지 않았을 것이다. 만약 여기까지 보유한 강심장이라면, '내가 어떻게 여기까지 왔는데……' 하고 아마 이때도 팔지 않았을 가능성이 높다. 그리고 바로 한 달 뒤에 그 8배 수익을 모두 잃게 된다.

실제로는 매도가 없었기 때문에 번 돈도 없고, 잃은 돈도 없다. 만약 만 원대 이상에서 잡은 투자자라면 3월 12일 주가가 3,020원까지 내려갈 땐 거의 버틸 수 없었을 것이다. 그래서 비중이 중요하다.

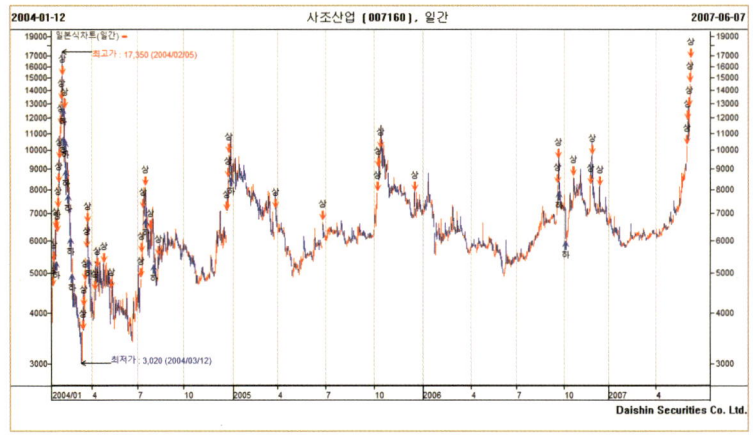

그 뒤로 상한가를 몇 번 보여주고 다시 내려오는 등 과거의 못된 습관(?)을 반복하면서 약 3년의 시간을 보냈다. 2004년 7월 상한가 랠리 이후부터 다음 상한가 랠리까지 조정 기간을 계산해보면 4개월이다. 2004년 12월 상한가 랠리 이후에는 9개월, 2005년 10월 상한가 랠리 이후로는 1년이다. 2006년 10월에도 마찬가지다. 겨울에는 또 완전히 곤두박질이다. 2007년 4월, 봄기운이 완연해지면서 주가가 본격적으로 과거 전 고점들을 다 돌파했다. 근 3년 동안 만 원 근처에 있던 투자자들의 매도물량을 받아내면서 더 오른 것이다.

드디어 2007년 여름에는 2004년 2월의 전 고점까지 도착했다. 만약 여기까지 주식을 안 팔고 보유한 사람이라면 고수다.

사조산업

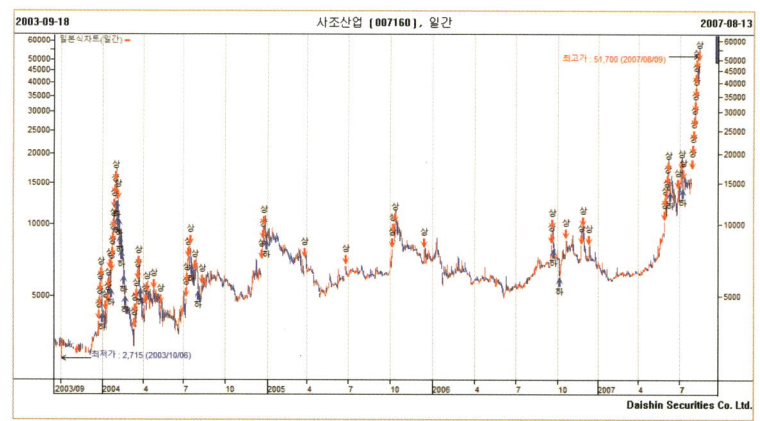

그다음의 차트다. 어떤가? '다시 떨어질 거야. 과거에도 늘 그랬거든.'이라는 생각이 무너지는 순간이다. 결국 2007년 7월에 'AGAIN 2004년 1월' 랠리를 펼치면서 주가는 8월 9일 51,700원을 찍었다. 만약 2004년 2월 5일 최고점인 17,350원에 매수를 했더라도 3년 6개월 뒤 51,700원이 되었다면 276%의 수익률이다.

이는 기업의 가치가 성장했기 때문에 가능한 일이다. 은행 예금, 적금에 맡긴 이자와 비교하면 어마어마하다. 그러나 약 3년 동안 물려 있으면서 언제 오를지도 모르는 주식을 보유한다는 건 큰 고통이다.

주가가 심하게 요동치며 큰 변동성을 주고 우상향하는 주식을 성장주라고 부른다. 또한 변동성이 줄어들고 주가의 움직임이 활발하지 않은 종목을 우리는 우량주라고 부른다.

박스권에서 매매를 즐기던 투자자는 주식으로 용돈 벌이는 할 수 있어도 결국 경제적 자유로 가는 시세는 놓친다. 박스권에서 아무런 매매 없이 보유하던 사람이 바보처럼 보여도 주가가 우상향하면 복리 수익을 거둠과 동시에 결국 승리자가 된다. 박스권에서 잘 보유하던 투자자도 그동안 너무 지쳐 주가가 박스권을 돌파하면 팔고 나오는 경우도 많다. 그런 경우도 대 시세를 놓치게 된다.

삼성전자

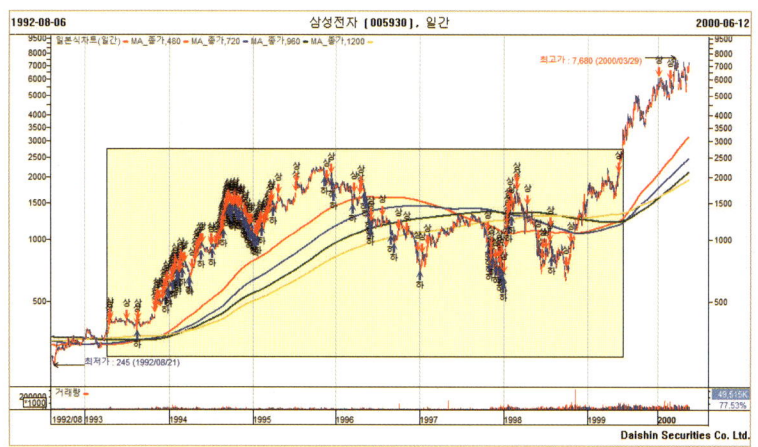

　　삼성전자도 90년대 이 변동성을 견딘 사람만이 2000년대 큰 시세를 잡을 수 있었다. 내가 투자한 주식의 변동성이 심한가? 그러면서 조금씩 우상향하고 있는가? 그러면 좋은 주식이다. 성장주일 가능성이 높다.

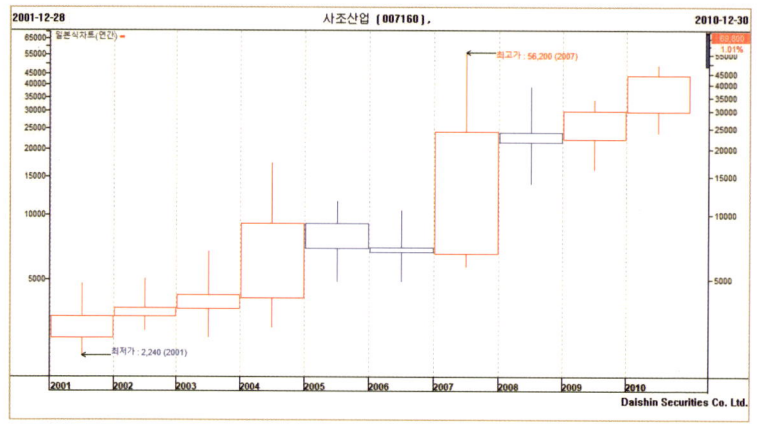

사조산업 차트를 이번에는 일봉이 아니라 연봉으로 보자. 그러면 사조산업이 우상향하고 있는 모습이 보일 것이다. 좋은 주식을 장기보유하면 부자가 된다는 말은 연봉차트를 봐야 실감이 난다.

• 에필로그 •

부자가 될 가능성은 주식투자에 있다

특별한 능력이 없는 보통사람이 선택할 수 있는 돈벌이는 취업이다. 나 또한 그랬다. 직접 사업을 할 수 있는 위인이 아니었을 뿐만 아니라 넉넉하지 않은 가정 형편 탓에 지금 당장 먹고사는 일이 중요했다. 그러면서 큰 부자는 아니더라도 동네 작은 부자 정도는 됐으면 바라왔다. 하지만 월급쟁이 부자는 되기 힘들다는 걸 금세 깨달았다.

한쪽 발은 현실에 두되, 다른 쪽 발은 늘 이상을 품으라는 말이 있다. 나는 월급쟁이가 매달 주식에 저축하는 것이 가장 현실적인 대안이자 보통 사람이 부자가 될 가능성이 높은 대안이라 생각했다.

2005년 어느 날, 아무것도 모르고 무작정 주식투자를 시작했다. 내 나이 18세였다. 그리고 13년이란 세월이 흘렀다. 그동안 시행착오도 많았지만 경제적 자유라는 꿈에 점점 가까워지고 있다. 주식이라는 생산수단을 모아 나감으로써 점점 주식시장의 자본가이자 사업가가 된 셈이다. 앞으로 더 큰 꿈을 꾸자면 나와 같은 직장인도 주식으로 부자의 꿈을 이룰 수 있도록 돕는 것이다.

부동산도 하나의 대안이 될 수 있다. 그런데 부동산은 현실적으로 자본금이 많지 않으면 접근하기가 어렵다. 모두가 강남 부동산을 사고 싶어 하지만 애당초 돈이 없어서 살 수가 없다. 그러나 주식은 세계 최고 기업이라도 마음만 먹으면 살 수 있다는 장점이 있다. 부동산은 주식에 비해 위험성이 높다. 100% 현금으로 부동산을 사는 경우는 거의 드물다. 대부분 레버리지를 쓴다. 만약 여유자금을 투자한 주식이 휴짓조각이 되어도 내가 투자한 돈만 잃는다. 그런데 부동산은 대출 상환이 들어온다. '억'대 금액을 자랑하는 부동산의 대출금을 한 번에 갚을 수 있는 사람이 과연 얼마나 될까? 대출금을 갚지 못하면 신용불량자에 금융파산자까지 될 수 있다. 이게 바로 부동산과 주식의 큰 차이점이다.

"주식은 망하면 휴짓조각이 되지만 부동산은 실물이라도 남지 않느냐?"라는 생각은 대출금이 없을 때나 해당하는 말이다. 생각과 달리 여유자금으로만 적립식으로 투자를 한다면 주식이 부동산보다 훨씬 안전하다.

내가 생각하는 투자는 생활비를 버는 수단이 아니라 나중에 내 근로소득이 끊겼을 때를 대비하여 미리 생산수단으로 만들어 놓는 '보험'이다.

은퇴 후 월세 450만 원을 받을 수 있는 부동산을 가지고 싶다면 지금 내 돈이 얼마나 필요할까? 서울 강남권의 부동산의 연평균 수익률이 3.5%인 점을 고려하면 현금 18억 원이 필요하다. 그렇다면 과연 월급만으로 가능할까? 알다시피 평범한 직장인의 월급으로는 꿈도 못 꾸는 금액이다. 18억 원을 모으려면 한 달에 300만 원씩 50년을 모아야 한다. 평균 근속기간을 25년이라고 가정하면 한 달에 600만 원을 모아야 한다. 이 정도의 돈을 매달 적금할 수 있는 가정이 과연 얼마나 될까?

상대적으로 저렴하고 수익률이 높은 지방 부동산을 생각한다면 좀 더 신중히 알아볼 필요가 있다. 눈에 보이는 수익률에 혹해 덜컥 매입했다가 공실이라도 생기면 수익률은 바로 0%가 된다.

그렇다면 예금은 어떨까? 저금리 시대에 예금이자로 매달 450만 원을 받으려면 45억 원 정도가 예금계좌에 있어야 한다. 앞서 말한 18억보다 더 어마어마한 금액이다.

한국은 이제 본격적으로 100세 시대를 열고 있다. 지금 30대 이하라면 100세는 기본이고 120세도 충분히 가능하다는 기사가 기쁨보다 두려운 이유는 무엇일까. 4차 산업혁명으로 인해 일자리는 점점 사라질 운명에 처해있다. 돈이 있는 노후는 축복이 될 것이며 돈이 없는 노후는 재앙이 될 것이다.

이런 시대적 환경을 놓고 봤을 때, 지금 당장 연봉이 3000만 원이니, 5000만 원이니, 8000만 원이니 따지는 건 의미 없는 일이다. 어차피 셋 다 18억 원은 못 모은다. 대기업 임원급 정도가 되지 않는 이상 월급만으로는 은퇴 이후가 불투명하다는 것이다.

자본주의 사회에서 부자가 될 수 있는 희망은 연봉에 있는 것이 아니라 주식에 있다. 부자가 되려면 그 가능성이 있는 곳에 도전해야 한다. 집과 주식을 비교해보자. 3억 원짜리 아파트가 25년 뒤에 과연 30억 원, 300억 원이 될 수 있을까? 그렇다면 3,000원짜리 주식이 25년 뒤에 3만 원, 30만 원이 되는 것은 가능할까? 지금까지의 부동산과 주식의 상승세를 비교해 보면, 주식 상승이 더 가능성 있다.

삼성전자 주가는 2000년 121,000원 정도였다. 액면분할이 되기 전에는 2,642,000원이었다. 같은 시기 아파트값은 223% 상승에 불과했지만 신세계의 주가는 1998년부터 2007년도까지 약 90배가 올랐다. NAVER 주가는 2003년부터 지금까지 약 100배 이상 올랐다. CJ제일제당, 농심, 롯데, 오리온, 대상과 같은 식품 주식은 지난 30년 동안 500배 이상 올랐다. 앞으로 이런 주식들은 계속 생길 것이다. 그뿐만 아니라 이제는 전 세계 주식에도 투자할 수 있는 시대가 되었으니 가능성은 더 높을 수밖에 없다.

모멘텀도 충분하다. 4차 산업혁명도 아직 초기 단계다. 여기에 한국은 블룸버그 혁신지수 4년 연속 세계 1위를 달리고 있다. 대북이라는 메가톤급 모멘텀도 존재한다. 지금까지 25년 동안 100배, 1000배 등 엄청나게 오른 종목들처럼 제2의 종목들이 나올 확률은 높다.

중요한 것은 시장을 바라보는 안목이다. 주도주 공부가 중요하다. 그리고 앞으로 4차 산업혁명, 북한과의 경제교류 등을 통해 시장이 커질 수 있는 곳 핵심 우량주에 투자해야 한다.

서민이 자본가가 되는 유일한 방법은 매달 주식에 저축한다는 생각으로 10년 후, 20년 후, 30년 후에 100배, 1,000배의 가능성이 있는 곳에 투자하는 것이다. 주식시장에 대한 안목과 혜안이 있다면 매달 똑같은 종목을 살 필요는 없다. 주식 공부를 해서 우량주, 가치주, 주도주, 성장주 등을 저점에서 공략해서 보유해 나간다면 더욱 좋다. 이격이 많이 난 종목은 일부 매도하여 주가가 다시 들어왔을 때 매수하는 전략 등을 추구한다면 보다 빠르게 주식 자산을 모을 수도 있다.

월급쟁이로 부자가 되고 싶다, 자본가가 되고 싶다, 경제적 자유를 얻고 싶다면서 주식투자를 안 하면 실없는 소리에 불과하다.

『영리한 투자』의 저자 짐 크레이머는 다음과 같은 말을 남겼다.

"주식으로 부자가 된 사람이 많지 않은 이유는 돈을 벌 만큼 충분히 오래 투자하지 않기 때문이다."

주식투자로 얻는 경제적 자유는 월급이 적은 당신도 충분히 누릴 수 있다.

그래도 부동산보다 주식투자다

초판 1쇄 발행 2018년 6월 8일

지은이 이동규
발행인 곽철식

책임편집 박주연
디자인 강수진
펴낸곳 다온북스
인쇄와 제본 민언프린텍
출판등록 2011년 8월 18일 제311-2011-44호
주소 서울 마포구 토정로 222, 한국출판콘텐츠센터 415호
전화 02-332-4972 팩스 02-332-4872
이메일 daonb@naver.com

ISBN 979-11-85439-88-4 (13320)

ⓒ 2018, 이동규

- 이 책은 저작권법에 따라 보호를 받는 저작물이므로 무단전재와 복제를 금하며, 이 책 내용의 전부 또는 일부를 사용하려면 반드시 저작권자와 다온북스의 서면 동의를 받아야 합니다.
- 잘못되거나 파손된 책은 구입한 서점에서 교환해 드립니다.

이 도서의 국립중앙도서관 출판예정도서목록(CIP)은 서지정보유통지원시스템 홈페이지(http://seoji.nl.go.kr)와 국가자료공동목록시스템(http://www.nl.go.kr/kolisnet)에서 이용하실 수 있습니다.(CIP제어번호: CIP2018016395)

- 다온북스는 독자 여러분의 아이디어와 원고 투고를 기다리고 있습니다. 책으로 만들고자 하는 기획이나 원고가 있다면, 언제든 다온북스의 문을 두드려 주세요.